RONGCHENG MUSEUM

文物榮成

荣成博物馆馆藏精品集

李　波／主编

中国科学技术大学出版社

内容简介

文物承载灿烂文明，传承历史文化，维系民族精神，是老祖宗留给我们的宝贵遗产。值此中国共产党成立100周年之际，荣成博物馆从馆藏1.6万余件文物中精选出石玉器、陶瓷器、青铜器、书画、杂项、革命文物、郭永怀专题文物等7大类，共170余件（套），配以能够充分展现文物原貌的图片及相关文字记录，编辑成册。本书是一部系统著录荣成可移动文物的图集，对深入挖掘荣成历史文化遗产、传承中华文脉、守护精神家园具有现实意义。

图书在版编目（CIP）数据

文物荣成：荣成博物馆馆藏精品集 / 李波主编 .—合肥：中国科学技术大学出版社，2021.11
ISBN 978-7-312-05321-4

Ⅰ. 文… Ⅱ. 李… Ⅲ. 历史文物—荣成—图集 Ⅳ. K872.523.2

中国版本图书馆 CIP 数据核字（2021）第 194922 号

文物荣成：荣成博物馆馆藏精品集

WENWU RONGCHENG：RONGCHENG BOWUGUAN GUANCANG JINGPIN JI

出版 中国科学技术大学出版社
安徽省合肥市金寨路96号，230026
http：//press.ustc.edu.cn
https：//zgkxjsdxcbs.tmall.com

印刷 安徽联众印刷有限公司

发行 中国科学技术大学出版社

经销 全国新华书店

开本 787 mm × 1092 mm 1/16

印张 12.25

字数 153千

版次 2021年11月第1版

印次 2021年11月第1次印刷

定价 168.00元

编委会

序

荣成，古为“朝舞”之地，在长达数千年的历史长河中传承着中华民族的古代文明和现代文明。

据文献记载，早在上古时期就有嵎夷人在荣成境内繁衍生息。在这片古老的土地上，遍布着新石器时期先民的足迹。河西乔家、东初、北兰格等贝丘遗址出土的大量石器、陶器都证实，早在六七千年前荣成境内便有以捕鱼、捞贝、狩猎等为生存方式的人类活动。新石器晚期的龙山文化遗迹、遗物，也在荣成境内多有发现，人和、西豆山、李家河等遗址发现的石斧、石凿、石镞等遗物均属于这一时期。

春秋时期，东莱被齐国灭掉后，部分东莱人逃迁至荣成北部，筑不夜城。《齐记》载：“古有日夜出，见于东莱，故莱子立城以不夜为名。”人们在不夜城遗址发现了大量青铜器、陶器等器物，证明当时不夜城内居住着地位较高的贵族阶层，不夜城也成为当时胶东半岛的经济文化中心。

《史记·封禅书》记载：“七曰日主，祠成山。成山斗入海，最居齐东北隅，以迎日出云。”秦皇汉武数次东巡成山，礼敬日主，在境内留下了众多遗迹，出土了玉璧、青铜器等大量秦汉时期的文物。公元前 221 年，秦始皇统一中国后，实行郡县制，荣成地属齐郡腄县。《史记·始皇本纪》记载：“二十八年（公元前 219 年），始皇东行，过黄腄，穷成山，登芝罘，立石颂秦德焉而去。”《汉书·武帝纪》记载，汉武帝在太始三年（公元前 94 年）“幸琅琊，礼日成山”。此后，汉武帝遵循“天子五载一巡守”之惯例，曾多次东巡祠日成山。

荣成地处战略要地，自古为兵家所重。明朝在全国设立卫所，卫所军人平时屯田种粮，进行训练，战时奉调出征。明洪武年间，在山东省共设置9卫10所。其中，荣成就有2卫2所，分别是成山卫和靖海卫、宁津所和寻山所。这些卫、所形成“五里一寨、十里一烽”之势，以昼发烟、夜举火的形式报警传信。

清雍正十三年(1735年)，裁成山卫，设立荣成县。清道光《荣成县志》载，雍正帝“钦赐嘉名，以始皇尝射大鱼于荣成山，山在邑境内，故命名因之”。荣成始为独立的县级建制。

革命战争年代，荣成人民为新中国的成立做出了重要贡献，涌现出以谷牧、李耀文为代表的50多位省部级领导和170多位共和国将军。在社会主义建设时期，涌现出以“两弹一星”元勋郭永怀、“把一生交给党安排”的沈秀芹等为代表的一大批优秀儿女。

悠久的历史，留下了丰富的文化遗存；河口商周石羊、成山头秦汉玉璧、三家泊汉墓石阙、人和沙口铜铳、明清青花瓷、当代艺术大师书画作品、开国将军礼服、我国第一颗原子弹和氢弹模型、郭永怀使用过的手表等生前用品。这些文化遗存犹如打开了历史的百宝箱，让人领略荣成绵延数千年的海洋历史文化和红色文化的瑰宝。

《文物荣成：荣成博物馆馆藏精品集》以荣成博物馆1万多件馆藏文物为基础，图文并茂，全面展示了荣成博物馆建馆20年来在文物征集、保护、利用方面取得的成绩，对于宣传荣成，提升荣成的文化底蕴，建设文化荣成，一定会起到良好的促进作用。

张起明

前言

荣成博物馆始建于 2001 年，今年是荣成博物馆建馆 20 周年，这本《文物荣成：荣成博物馆馆藏精品集》的出版可谓恰逢其时，它不仅是荣成博物馆 20 年风雨历程的“见证官”，更是整个荣成数千年历史的“记录者”。

20 年来，荣成博物馆在“传承中国文化、承担教育责任”的前提下，秉承“立足社会公益、致力公共服务”的宗旨，一直注重对不同种类文物的征集和入藏。经过几代博物馆人的努力，荣成博物馆已形成完整的藏品体系，现有各类藏品 1.6 万余件（套），其中珍贵文物 730 件（套），并于 2020 年 12 月获评国家二级博物馆。

本书分为石玉器、陶瓷器、青铜器、书画、杂项、革命文物、郭永怀专题文物七个部分，收录荣成博物馆馆藏精品文物 170 余件。

石玉器部分包含新石器时期至西汉时期的石制用具以及秦代至清代的玉器。其中河口遗址出土的石羊、上庄镇陈家庄村与泊于镇松徐家村出土的石猪，造型精美，形象生动，为一级文物，这三件早期祭祀用物充分反映了其时先民的原始信仰。

陶瓷器部分主要包括从大汶口文化时期至唐代的陶器以及唐代至清代的瓷器。陶器中明器居多，其中有一套汉代陶仓，共三件，由大到小依次排列，这种成套出现的明器较为珍贵，是我们研究汉代社会生活及丧葬习俗的重要实物资料。

青铜器部分选取西周至西汉时期的19件铜器。荣成博物馆馆藏青铜器均为荣成本地出土。此部分所载“作宝彝”尊，出土于荣成境内最具代表性的青铜文化墓葬——学福周墓，该器造型与纹饰华美精致，在胶东地区历来所出土的商周彝器中当属珍品。这足以表明，早在西周时期，已有相当的高层社会人士在此活动。

书画部分主要包括荣成籍老领导杨波同志捐赠的个人藏品，如李可染、吴作人、李苦禅、黄胄等著名书画家的10余幅精品，以及荣成籍著名书画家周韶华、彭昭俊、张仲愈、唐鸿珍等捐赠的个人书画作品。

杂项部分罗列自新石器时期至中华民国时期的26件珍贵文物，是对荣成传统习俗和海洋文化的集中反映。此部分所载骨针，出土于荣成境内发现最早的新石器遗址——河口遗址；与之同出的还有陶纺轮、骨锥等。出土的骨针很细，针孔的孔径很小，说明境内早期人类已掌握了纺线、缝纫技术和较高的钻孔技术。

革命文物部分主要包括抗日战争时期和解放战争时期的文物，集中展示了党领导下的荣成儿女夺取革命胜利的光辉历史和不朽功勋，其中以荣成籍军人、将领捐赠的勋章、礼服为主要特色。

郭永怀专题文物部分主要包括郭永怀同志生前的用品、信件、证件、实验仪器等，充分展示了“两弹一星”元勋郭永怀同志“无私奉献、以身许国”的家国情怀。

本书选取荣成博物馆最具代表性的馆藏精品，以时间为轴，从生产生活、丧葬习俗、海洋文化等方面展现荣成这片土地从产生到发展壮大的历史画卷。希望本书的出版，能满足广大荣成儿女的乡土情怀，更能让世界了解荣成、爱上荣成。

目录

第一部分 石玉器

石器和玉器是人类早期创造的文化现象之一。史前时期，石器在人类生产活动中占据主导地位，而玉器则因质地细腻、莹润亮泽，常被用于制作装饰品或礼仪用品。馆藏石器最早为新石器时期石器，种类有祭祀用品和生产工具等。祭祀用品包括石猪、石羊等，生产用具石斧、石铲、石刀、石磨盘、石磨棒等。玉器多为礼器、装饰品和生活用具。

1-01

石猪

一级文物
商周（前 1600 ~前 256）
通长 41cm，宽 14.7cm，厚 5.3cm
原荣成县泊于镇松徐家村出土
祭祀用品

变质岩雕琢，双面阴纹勾刻，做工精美，粗犷生动，腹部有一长 13cm、宽 2.5cm 的穿孔。

1-02

石猪

一级文物

商周（前 1600 ~前 256）

长 36cm，宽 11.4cm，厚 5.6cm

荣成市上庄镇陈家庄村出土

祭祀用品

变质岩石雕，全身饰阴刻横纹，造型粗拙古朴。

1-03

双头石羊

一级文物

商周（前 1600 ~ 前 256）

残长 22.3cm，高 8.2cm，厚 4.4cm

荣成市人和镇河口遗址出土

祭祀用品

变质岩雕琢，双面阴纹勾刻两只羊头，琢工粗朴，形象生动。

1-04

石磨棒　石磨盘

新石器时期

石磨棒长 25cm，宽 6cm，厚 5.8cm

石磨盘长 37.7cm，宽 26.8cm，厚 5.3cm

荣成市埠柳镇东初遗址出土

粮食加工工具

石磨棒较完整，两头略尖；石磨盘有残损，使用痕迹明显。

1-05

石镞

新石器时期

通长 8.2cm，宽 2.8cm，厚 0.9cm

荣成市崂山街道南沽村出土

狩猎工具

器形规整，磨制精细，有脊有铤，锋面截面呈长菱形，铤部截面呈圆形，表面呈砍削状，有翼。

1-06

石铲

新石器时期

长 17.6cm，宽 6.2cm，厚 0.8cm

荣成市斥山街道电厂水库出土

生产工具

短柄，双肩，两腰直线不平行，从肩部往下至刃部逐渐扩展，如扇形，弧刃。

1-07

石拍

新石器时期・大汶口文化（前 4100 ~前 2600）
通高 8cm，底部直径 4.8cm
荣成市人和镇河口遗址出土
农业生产加工工具

磨制，整体呈锥形，表面光滑无棱，底部有明显使用过的痕迹。

1-08

石球

新石器时期・大汶口文化（前 4100 ~前 2600）
直径 5.5cm
荣成市人和镇河口遗址出土
狩猎工具

不规则球体。

1-09

石凿

新石器时期 · 龙山文化（前 2600 ~ 前 2000）

最小号长 15cm，宽 2.5cm，厚 2.4cm

最大号长 21.2cm，宽 3.7cm，厚 2.5cm

荣成市斥山街道李家河村采集

农业生产加工工具

砂岩质，磨制，其长短宽厚依次递增，为龙山文化时期成套工具。

1-10

石斧

新石器时期·龙山文化（前 2600 ~前 2000）

长 24cm，宽 8.2cm，厚 5cm

荣成市埠柳镇西豆山遗址出土

生产工具

辉绿岩质，刃部磨光，锋刃完好如初。

1-11

石刀

岳石文化（前 2000 ~前 1600）
长 11.5cm，宽 5cm，厚 1.1cm
收割工具

双孔石刀，又名石镰，半圆形，弧背石刃。

Ⅰ-12

砺石

西周（前 1046 ~前 771）

长 12.5cm，宽 2.4cm，厚 0.7cm

荣成市埠柳镇学福村周墓出土

磨具

青灰色，长条形，上端边缘略弧，顶部有一琢制钻孔。

1-13

石磨

西汉（前 206 ~ 25）
上扇直径 44cm，高 4cm，边缘直立
下扇直径 37cm，立面高 5cm
荣成市埠柳镇不夜城址出土
农业加工工具

灰白色花岗岩质，上、下扇扣合。

1-14

石磨

西汉（前 206 ~ 25）
上扇直径 43cm，边厚 7.5cm
下扇直径 43cm，边厚 5cm
荣成市埠柳镇不夜城址出土
农业加工工具

赭红色花岗岩质，上、下扇扣合；上扇顶面为圆形漏斗，漏斗外侧边缘高 0.3cm、宽 2.1cm，内侧深 5cm；下扇中间厚，边缘直立，底面平。

1-15

玉璧　玉圭

秦（前 221 ~前 207）
玉璧直径 13.9cm，高 3.7cm，厚 0.4cm
玉圭通高 13.5，厚 0.4cm；宽分别为 5.6cm（左）、4.6cm（右）
荣成市成山镇成山头东酒棚遗址出土
礼器

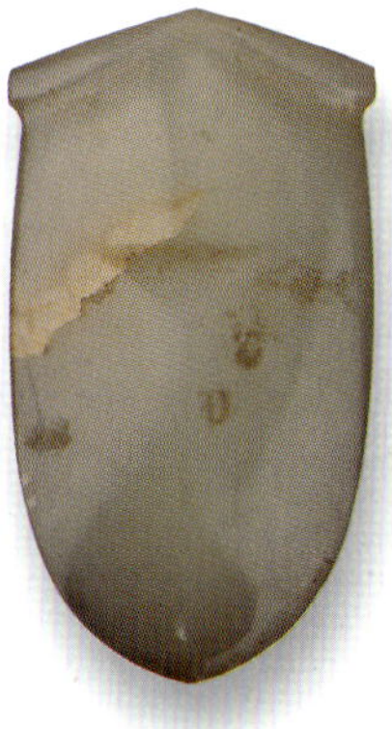

1-16

玉含

西汉（前 206 ～ 25）
长 4.5cm，宽 2.4cm，厚 0.7cm
明器

白玉，蝉形，素面。

1-17

玉剑璏

西汉（前 206 ～ 25）
长 7.7cm，宽 1.8cm，厚 1.5cm
饰品

青白玉；嵌于剑鞘上，正面雕螭纹，背面素面。

1-18

玉剑璏

西汉（前 206 ～ 25）
长 6.6cm，宽 2.7cm，厚 1.4cm
荣成市王连街道客岭汉墓出土
饰品

青白玉；嵌于剑鞘上，正面雕谷纹，背面素面。

1-19

玉佩

一级文物

汉（前 206 ~ 220）

长 21cm，宽 10cm，厚 0.5cm

荣成市埠柳镇不夜村征集

饰品

青白玉，透雕卷云纹、兽纹，部分有沁色，大气美观。

1-20

双耳玉杯

明（1368 ~ 1644）
口径 7.7cm，底径 4cm，高 4cm
生活用具

白玉，双耳，耳顶部阴刻卷云纹，腹饰乳钉纹。

1-21

浮雕龙纹玉觯

明（1368 ~ 1644）

腹径 21.2cm

礼器

青白玉，壮首卷尾，周身饰浮雕龙纹。

Ⅰ-22

双螭玉璜

宋（960 ~ 1279）

长 8cm，宽 2.5cm，厚 0.8cm

饰品

白玉质，浮雕双螭龙，生动形象，三孔。

1-23

三螭玉璧

明（1368 ~ 1644）
外径 8.7cm，内径 2.4cm，厚 0.7cm
饰品

白玉，璧形正面浮雕三组螭龙，形态各异。

1-24

玉如意

明（1368 ~ 1644）

通长 41.2cm，云头长 8cm，宽 6.5cm

礼器

青玉，云头雕刻灵芝。

1-25

菊花玉碗

清（1644 ~ 1911）

口径 14.7cm，底径 8.5cm，高 4.7cm

生活用具

青玉，玉质晶莹，轻薄精湛，周围雕琢为菊花瓣式，碗底为网格纹。

1-26

玉扳指

清（1644 ~ 1911）
直径 3.1cm，高 2.7cm
饰品

翡翠，圆柱形。

1-27

玉镯

清（1644 ~ 1911）
外径 7.8cm，内径 5.7cm
饰品

白玉，两件玉镯大小相同，玉质细腻，精美古朴，形制规整，打磨圆润。

1-28

玉杯

清（1644 ~ 1911）

上口径 5.2cm，底径 2.7cm，高 3.5cm

生活用具

墨玉，敞口，腹部略收，浅圈足。

1-29

玉翎管

清（1644 ~ 1911）

长 6.8cm，宽 1.6cm，高 1.5cm

饰品

白玉，圆柱状，主端有鼻，往下中空。

第二部分

陶瓷器

陶器和瓷器是以黏土为主要原料，经过高温煅烧成器。陶瓷制品时代特征显著、应用广泛。馆藏陶器以礼器和生活用具为主；瓷器多为生活用具，从大汶口文化时期的陶鼎到中华民国时期的青釉开片天球瓶，彰显着陶瓷技艺的历史沿革。其中周倜先生捐赠的400多件明清青花瓷，涵盖了我国明清各个时期的民窑青花瓷，集中体现了我国明清青花瓷的烧制技艺。

2-01

陶鼎

大汶口文化（前 4100 ~前 2600）
口径 14.5cm，腹径 12.1cm，残高 11.3cm
荣成市人和镇河口遗址出土
炊器

夹砂红褐陶；敞口，圆唇，深腹，圜底，三锥形足，腹周饰有乳突。

2-02

陶水管

汉（前 206 ~ 220）

细端口径 30 ~ 32cm，粗端口径 39 ~ 40cm，长 54cm，管壁厚 3.6 ~ 4.8cm

荣成市埠柳镇不夜城址出土

夹砂青灰陶；烧制温度较高，陶胎内外一色，质地坚硬。

2-03

陶釜

汉（前 206 ~ 220）

口径 17cm，腹径 24.8cm，高 15cm

荣成市埠柳镇不夜城古井出土

明器

夹砂红褐陶；圆唇直口，鼓腹圜底，腹部饰一道凸棱纹。

2-04

陶盒

西汉（前 206 ～ 25）

高 11.4cm，顶径 10cm，口径 14.6cm，底径 9.4cm，厚 0.6 ～ 1.8cm

荣成市埠柳镇不夜城址出土

夹砂夹滑石灰陶；方唇，矮子母口，弧腹内收，深圈足，素面。

2-05

陶罐

汉（前 206 ~ 220）
口径 11cm，底径 8.5cm，腹径 18.6cm，高 16.8cm
荣成市崖头街道青山地震台古墓出土
明器

夹砂红褐陶；圆唇直口，短颈，鼓腹；底部内收，底部直径小于口径；下腹部饰绳纹。

2-06

陶罐

汉（前 206 ~ 220）
口径 11.6cm，底径 7.5cm，腹径 20.8cm，高 19cm
荣成市崖头街道青山地震台古墓出土
明器

夹砂红褐陶；圆唇折沿，侈口，鼓腹圜底。

2-07

陶奁

汉（前 206 ～ 220）

陶奁口径（从左至右）依次为 27.6cm，22.5cm，22cm

荣成市崖头街道青山地震台古墓出土

明器

一套三件，夹砂红褐陶；子母口，圆筒，腹部略外弧，器腹较深，底有三足。

2-08

陶钫

汉（前 206 ~ 220）

口径长 12cm，宽 11.5cm；腹径长 24.2cm，宽 22.9cm；底径长 11.4cm，宽 11cm；高 32.7cm

荣成市崖头街道青山地震台古墓出土

夹砂夹滑石灰陶；方口，鼓腹，空方足，腹侧有对称的兽面铺首衔环一对。

2-09

陶壶

汉（前 206 ~ 220）

口径 14.5cm，底径 7cm，腹径 21.8cm，高 27.7cm

荣成市崖头街道青山地震台古墓出土

夹砂红褐陶；侈口包圆唇，颈较长，鼓腹圜底。

2-10

陶豆

汉（前 206 ~ 220）

口径 19cm，底径 12.6cm，高 24.3cm

夹砂红褐陶；浅盘，细柄，喇叭状圈足。

2-11

方砖

汉（前 206 ~ 220）
边长 37cm，厚 5cm
荣成市成山镇成山头始皇庙前出土

夹砂青灰陶，正方形；质地稍硬，底面不平整，顶面阴刻沿对角线对称的回纹和交叉三角纹。

2-12

双足箕形陶砚

唐（618 ~ 907）

长 15cm，宽 11.2cm，足高 3.3cm

泥质红陶，簸箕形；上圆下方，周围有沿，箕口无沿；近砚首处有凹槽，底有二矮足。

2-13

双耳壶

— 唐（618 ~ 907）
— 口径 4.7cm，底径 10.5cm，腹径 21.2cm，高 29.2cm
— 荣成市人和镇寨前村石墓出土
— 青白釉；圆唇，鼓腹，双系，平底；局部有开裂纹，底部无釉。

2-14

四系罐

宋（960 ~ 1267）
口径 6.6cm，底径 7.6cm，腹径 13.8cm，
高 17.5cm
社会征集

2-15

青釉双系罐

宋（960 ~ 1267）
口径 7.8cm，底径 6.6cm，腹径 14.1cm，
高 11.3cm
社会征集

2-16

青花高官宴乐纹罐

明·万历（1573 ~ 1620）

口径 8.5cm，底径 12cm，腹径 21cm，高 20.9cm

周偈[①]捐赠

① 周偈，山东安丘人，民间收藏家。2004 年，周偈将其个人毕生收藏的 400 余件青花瓷捐赠给荣成博物馆。本画册选取了其中 17 件具有代表性的青花瓷。

2-17

青花婴戏纹瓜棱罐

明·万历（1573 ~ 1620）

口径 7.2cm，底径 10.8cm，腹径 16.8cm，高 15.8cm

周偶捐赠

腹部图案为 15 个姿态各异的孩童，是明代民俗学与陶瓷史的实物证据。

2-18

青花庭院人物香炉

明·天启（1621 ~ 1627）
口径 21.5cm，底径 14.2cm，腹径 22.1cm，高 13.8cm
周僩捐赠

2-19

青花花鸟纹外销瓷大盘

明 · 天启（1621 ~ 1627）

口径 31.6cm，底径 17cm，高 3.7cm

周倜捐赠

2-20

弦纹青花蝶恋花三足炉

明·天启（1621 ~ 1627）

口径 15cm，底径 13.5cm，高 11.5cm

周偶捐赠

2-21

青花魁星点斗纹将军罐

— 明 · 崇祯（1628 ~ 1644）
— 口径 15cm，底径 15cm，腹径 21.4cm，高 25cm
— 周僩捐赠

2-22

青花西天取经缸

明·崇祯（1628 ~ 1644）

口径 22cm，底径 9cm，高 16.3cm

周倜捐赠

2-23

青花吕洞宾超度白牡丹纹海灯座

清・顺治（1644 ~ 1661）
口径 9cm，底径 13cm，高 22.5cm
周偶捐赠

2-24

青花洞石花鸟纹罐

清·顺治（1644 ~ 1661）
口径 15.3cm，底径 13.5cm，腹径 21.2cm，高 14.6cm
周倜捐赠

2-25

青花西厢记人物图罐

清・康熙（1661 ~ 1722）

口径 25.8cm，底径 17.3cm，高 19.8cm

周倜捐赠

罐底落款“大清康熙年制”。

2-26

青花三国人物纹花觚

清·康熙（1661 ~ 1722）
口径 20.5cm，底径 14.5cm，腹径 13.3cm，高 44.5cm
周侗捐赠

2-27

青花百子婴戏图将军罐

清・康熙（1661 ~ 1722）

口径 12.8cm，底径 18cm，腹径 25cm，高 31cm

周倜捐赠

2-28

青花指日高升图罐

清·康熙（1661 ~ 1722）
口径 10.5cm，底径 13cm，腹径 17.5cm，残高 23cm
周偶捐赠

2-29

青花四妃十六子图将军罐

清 · 康熙（1661 ~ 1722）
口径 11.5cm，底径 16cm，腹径 21.2cm，高 24cm
周倜捐赠

2-30

青花庭院仕女纹棋子罐

清·康熙（1661 ~ 1722）

口径 10.2cm，底径 9.2cm，腹径 14.3cm，高 7cm

周倜捐赠

2-31

青花八仙庆寿纹香炉

清・康熙（1661 ~ 1722）
口径 23.2cm，底径 13cm，腹径 23.2cm，高 14.5cm
周倜捐赠

2-32

青花山水人物纹大盘

清·康熙（1661 ~ 1722）

口径 28.2cm，底径 17cm，高 6cm

周偶捐赠

2-33

青花缠枝花草纹天球瓶

中华民国（1912～1949）
口径 4.4cm，底径 15.7cm，腹径 21.4cm，高 30.4cm
社会征集

2-34

青釉开片天球瓶

中华民国（1912 ~ 1949）
口径 7cm，底径 13.3cm，腹径 23.6cm，高 43cm
社会征集

青铜器

青铜指含锡的铜基合金，在古时又称『金』。以青铜为基本原料制成的器皿被称为青铜器，以商周时期的器物最为典型。馆藏青铜器均为本地出土，主要出土于埠柳镇不夜村、学福周墓以及大疃镇大泥沟春秋墓等，其中炊具、酒器与兵器尤为精美，学福周墓出土的『作宝彝』尊，器形厚重，纹饰繁复，是典型的西周早期器，是探索这一时期历史文化的重要标尺。

3-01

“作宝彝”尊

西周（前 1046 ~前 771）

口径 19.3cm，底径 12.6cm，高 22cm

荣成市埠柳镇学福村周墓出土

酒器

觚形；器体较粗，腹稍鼓，圈足下部残修；整体饰夔纹，以云雷纹衬底，器身四道扉棱，器底内铸铭文“作宝彝”。

3-02

铜戈

西周（前 1046 ~前 771）

通长 24cm，援长 16.8cm，内长 6.7cm，胡长 9cm

荣成市埠柳镇学福村周墓出土

兵器

长援，长方形直内，胡上三穿；前锋呈三角形，中脊突起，横断面呈菱形，援后部饰云雷纹，直内上饰鳞状纹。

3-03

素面贯耳铜壶

春秋（前 770 ~前 476）

口长径 16.6cm，短径 11.4cm，最大腹径 22.2cm，高 32.6cm，厚 0.3 ~ 0.8cm

荣成市埠柳镇不夜村出土

酒器

扁圆体，器体较薄，上细下粗；平口，内折沿，圈底；外设圈足，圈足两侧范线上各有一横扁形孔；颈部饰二道凸弦纹，两侧设两只贯耳。

3-04

铜鼎

春秋（前 770 ~前 476）
口径 22cm，最大径 22.4cm，壁厚 0.3cm
荣成市埠柳镇不夜村出土
炊器

器壁极薄，立耳，斜沿外折，浅腹，大圜底，三兽足，腹中部饰一道凸弦纹，口沿下饰一周变体横 S 纹。

3-05

铜剑

春秋（前 770 ~前 476）
长 57.7cm，宽 4cm，厚 1cm
荣成市大疃镇大泥沟春秋墓出土
兵器

柳叶形；近锋处收狭，前锋尖锐，中起脊线，剖面作扁菱形；三角形窄格，圆茎，内实。

3-06

铜戈

春秋（前 770 ~前 476）
长 26.2cm，宽 11.3cm
荣成市大疃镇大泥沟春秋墓出土
兵器

长胡，中脊隆起，断面略呈菱形，近阑处有三穿，内较长，末端有刃，一长条形穿。

3-07

铜戈

春秋（前 770 ~前 476）
长 20.5cm，宽 10.7cm
兵器

长胡，中脊隆起，近阑处有三穿；内较长，有一长条形穿。

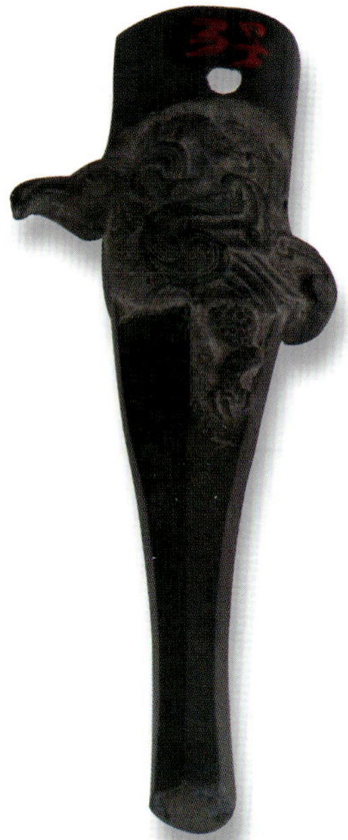

3-08

铜鐏

春秋（前 770 ~前 476）
口径 2.5cm，长 12.3cm
荣成市大疃镇大泥沟春秋墓出土

两侧饰有凤鸟纹，上部穿两孔，断面呈八边形。

3-09

铜戈

战国（前 475 ~前 221）
长 16.7cm，宽 8.5cm，厚 0.5cm
兵器

长胡，近阑处有三穿；内较长，有一长条形穿。

3-10

铜镞

战国（前 475 ~前 221）

长 9.6cm

兵器

体形细长，两翼弧刃，残一翼；四角状锋，两翼倒刺突出，铤为四棱形。

3-11

铜盖鼎

西汉（前 206 ~ 25）

鼎通高 15.8cm，口径 16.2cm，盖径 18.4cm，厚 0.3 ~ 0.4cm

荣成市埠柳镇不夜村出土

炊器

球状，矮子母口，双立耳，鼓腹，圜底，三蹄足，中腹饰一周凸弦纹，盖附三环钮。

3-12

铜盖鼎

西汉（前 206 ~ 25）

鼎通高 15.8cm，口径 14.6cm；盖径 16.6cm，厚 0.1 ~ 0.2cm

荣成市埠柳镇不夜村出土

炊器

方唇，矮子母口，立耳，圆腹，中部有道突棱，圜底，三蹄形足，覆钵形盖，盖面三钮。

3-13

铜虎镇

西汉（前 206 ～ 25）
荣成市王连街道客岭古墓出土
生活用具

共四件，半球形，浮雕二虎相抱状，工艺粗朴。

3-14

铜虎镇

西汉（前 206 ~ 25）
荣成市俚岛镇东庄古墓群出土
生活用具

共两件，半球形，浮雕二虎搏戏状。

3-15

铜削

汉（前 206 ~ 220）

长 19cm，宽 2.4cm，厚 0.3cm

削书刀，用以除去书写在竹简或木牍上的错字；刀身与刀柄呈弧形外凸，刃部内凹；刀身及柄横截面为锐三角形，柄末端装方形环手。

3-16

铜勺

西汉（前 206 ～ 25）
长 29cm，勺体最宽处 10cm，深 2.7cm
荣成市王连街道客岭古墓出土
盛食器

柄部呈圆桶形，勺体呈半圆形。

3-17

铜菩萨像

明（1368 ~ 1644）

高 45.5cm

头戴宝冠，面庞丰腴，双目垂俯，面容圆润慈祥，缯带卷曲饰于耳侧。

3-18

铜佛像

清（1644 ~ 1911）

高 9.7cm

散发披肩，头戴发箍，面庞丰腴，耳垂圆珰，面容慈祥庄严；佛像身披袈裟，左手结禅定印，右手施无畏印，跏趺端坐，身体挺拔，体态丰腴。

3-19

铜菩萨像

清（1644 ~ 1911）

高 9.6cm

头戴宝冠，面相方圆端庄，眉目细长，神态安详，嘴角微露笑意；耳垂圆珰，体态匀称；左手结禅定印，右手施降魔印，跏趺端坐；莲花座莲瓣宽大肥厚，富于变化。

书画

馆藏书画类作品800余件，大部分为现当代艺术品，其中珍贵文物45件（套）。藏品主要包括荣成籍老领导杨波同志捐赠的个人藏品，如李可染、吴作人、李苦禅、黄永玉、黄胄等著名书画家的100多幅精品，以及荣成籍著名书画家周韶华、彭昭俊、张仲愈、唐鸿珍等捐赠的个人书画作品。

4-01

清勤堂家信（梁山舟）

清（1644 ~ 1911）
每页纵 23cm，横 13.5cm
共 34 页，托裱为 17 幅册页

梁山舟（1723 ~ 1815），大学士梁诗正之子，清代著名书法家。

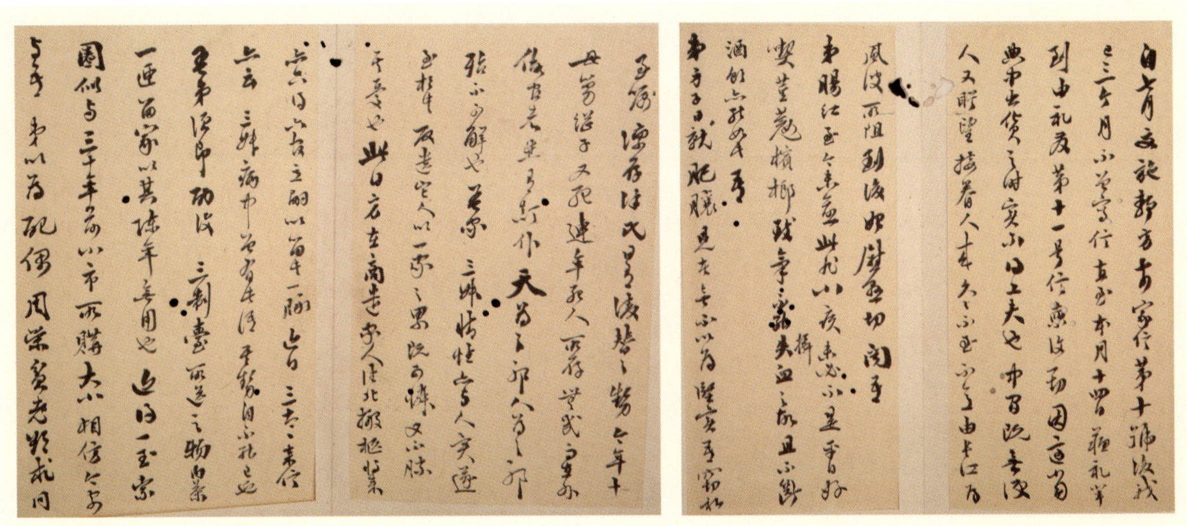

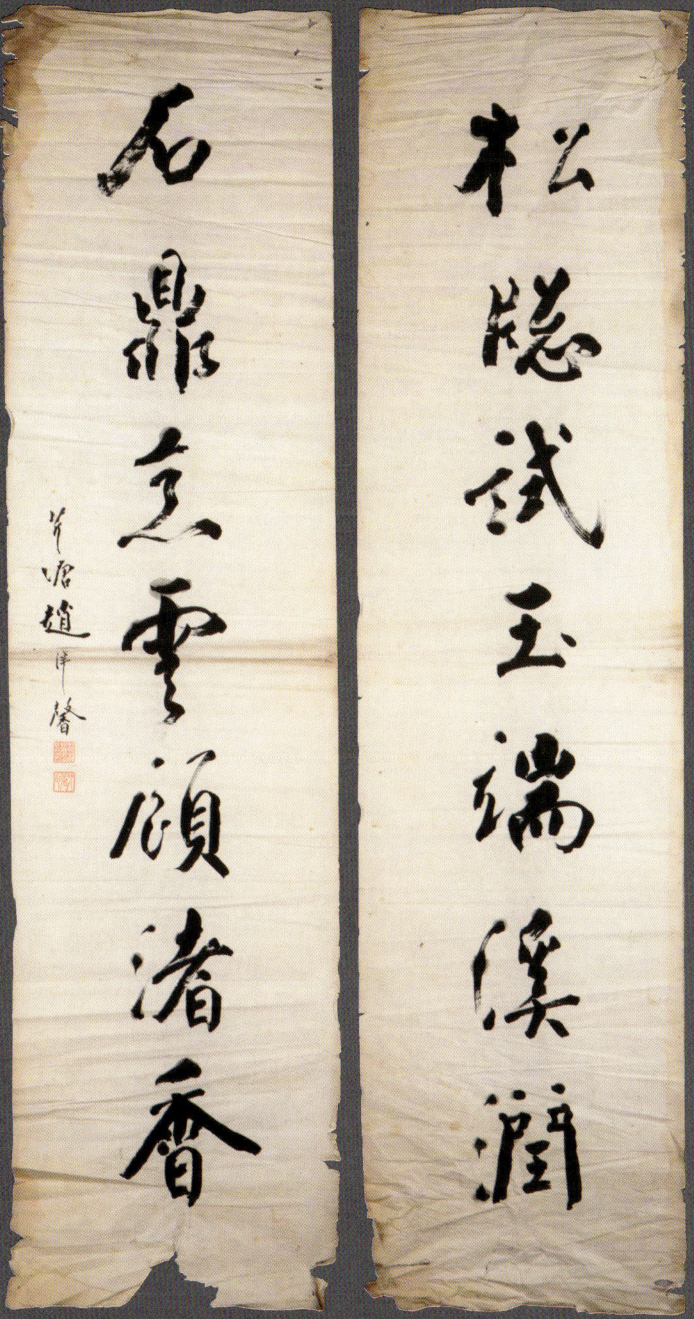

4-02

赵泮馨书法

中华民国（1912 ～ 1949）

纵 137cm，横 34cm

赵泮馨（1884～1961），山东文登人。曾任山东省文史馆馆员。精于书法，尤工草书，能诗善文，著有《古风集》《文登辛亥革命史略》等。

4-03

陈云书法

现代

纵 78cm，横 53cm

杨波① 捐赠

陈云 (1905 ~ 1995)，党和国家领导人，原中央顾问委员会主任。

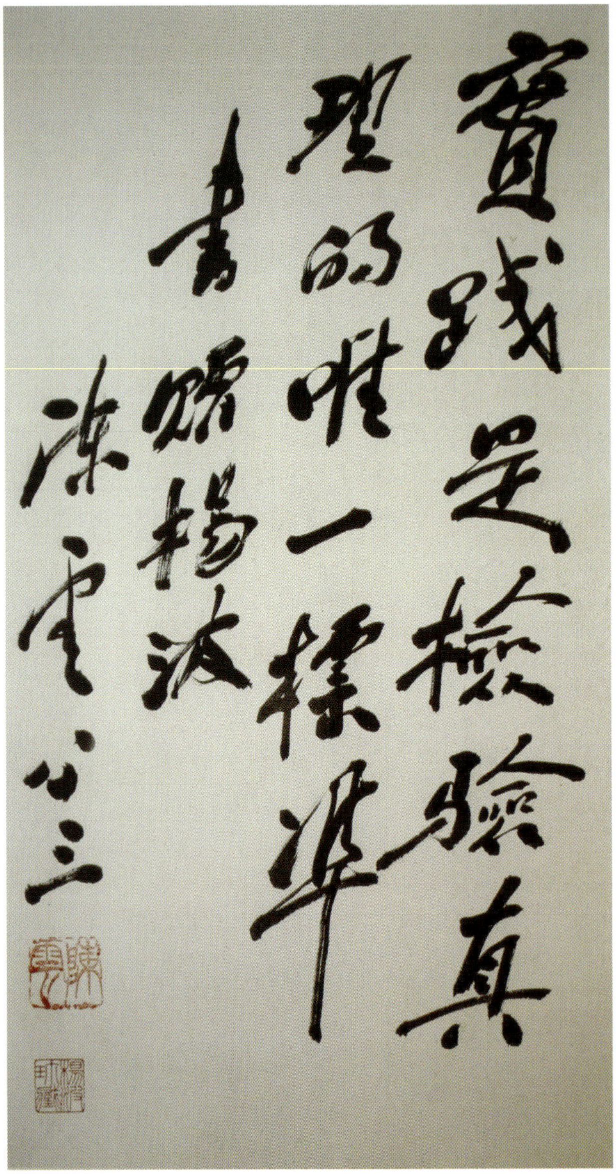

① 杨波（1920~2016），荣成市凉水泉村人，曾任轻工业部部长。2004 年，他将个人收藏的 100 多幅书画作品无偿捐赠给荣成博物馆。

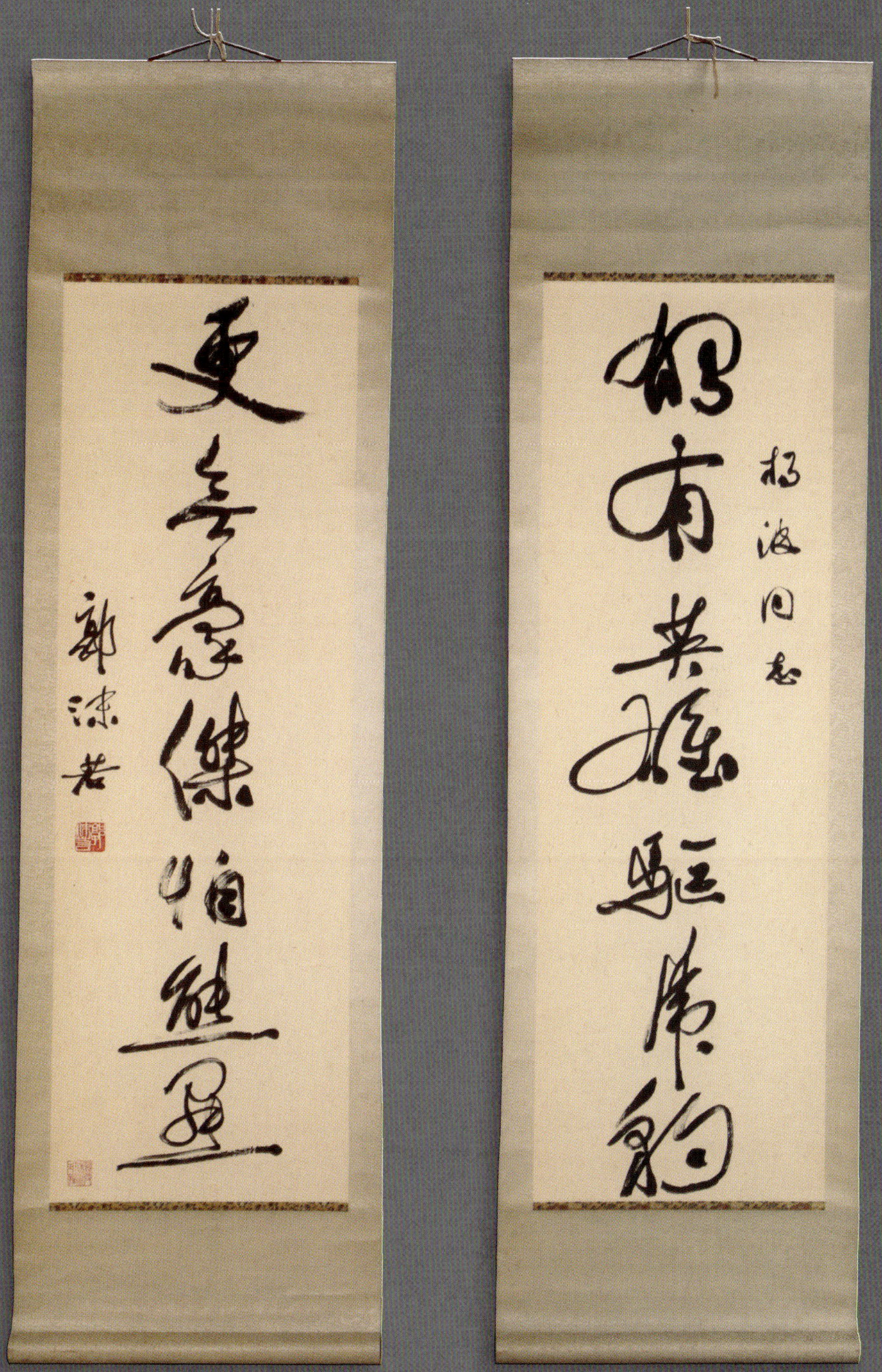

4-04

郭沫若书法

现代

纵 105cm，横 33.4cm

杨波捐赠

郭沫若（1892 ~ 1978），诗人、剧作家、古文字学家、考古学家、社会活动家。

4-05

驴（黄胄）

现代

纵 69.5cm，横 46.5cm

杨波捐赠

黄胄（1925 ~ 1997），河北蠡县人，当代著名画家，曾任中国画研究院副院长，北京炎黄艺术馆馆长。

4-06

鱼（崔子范）

现代

纵 38.5cm，横 46cm

杨波捐赠

崔子范（1915～2011），山东莱西人，当代著名画家，曾任北京国画院副院长兼秘书长。

4-07

梅竹图（于希宁）

现代

纵 68cm，横 43cm

杨波捐赠

于希宁（1913 ~ 2007），山东潍坊人，当代著名画家，曾任山东艺术学院名誉院长。

4-08

熊猫图（吴作人）

现代

纵 69cm，横 45cm

杨波捐赠

吴作人（1908 ~ 1997），安徽泾县人，当代著名画家，师从徐悲鸿，曾任中国文联副主席、中国美术家协会主席。

4-09

归牧图（李可染）

- 现代
- 纵 68cm，横 46cm
- 杨波捐赠

李可染（1907 ~ 1989），江苏徐州人，师从齐白石，曾任中国美术家协会副主席、中国画研究院院长。

4-10

雄鹰图（李苦禅）

现代

纵 69cm，横 46cm

杨波捐赠

李苦禅（1899 ~ 1983），山东高唐人，师从齐白石，擅画花鸟，曾任中央美术学院教授、中国美术家协会理事。

4-11

迎春图（关山月）

现代

纵 82cm，横 50.3cm

杨波捐赠

关山月（1912 ~ 2000），广东阳江人，著名国画家、教育家，岭南画派代表人物，曾任中国美术家协会副主席。

4-12

山水图（陆俨少）

现代

纵 69.5cm，横 44cm

杨波捐赠

陆俨少（1909～1993），上海嘉定人，现代画家，擅画山水，兼作人物、花卉，书法亦独创一格，曾任浙江画院院长。

4-13

铁壁江山（周韶华）

现代

纵 332cm，横 474cm

周韶华捐赠

周韶华，1929 年出生于山东省荣成市，气势派的开宗创派者与理论建树者，国家一级美术师，曾任中国美术家协会理事、湖北省文学艺术界联合会主席。2002 年将个人代表作品 39 幅捐赠给荣成博物馆。

4-14

托起心中的太阳（周韶华）

现代

纵 142cm，横 366cm

周韶华捐赠

托起心中的太陽

4-15

春光（彭昭俊）

现代

纵 142cm，横 366cm

彭昭俊捐赠

彭昭俊，1935 年出生于山东省荣成市，山东艺术学院原艺术系主任、山东当代花鸟画院原院长，先后将 100 多幅个人作品捐赠给荣成博物馆。

春光

4-16

荷花（唐鸿珍）

现代

纵 120cm，横 70cm

唐鸿珍捐赠

唐鸿珍（1930 ~ 2019），山东荣成人，高级工艺美术师。早年曾师从国画大师齐白石，2003 年将 60 多幅个人作品捐赠给荣成博物馆。

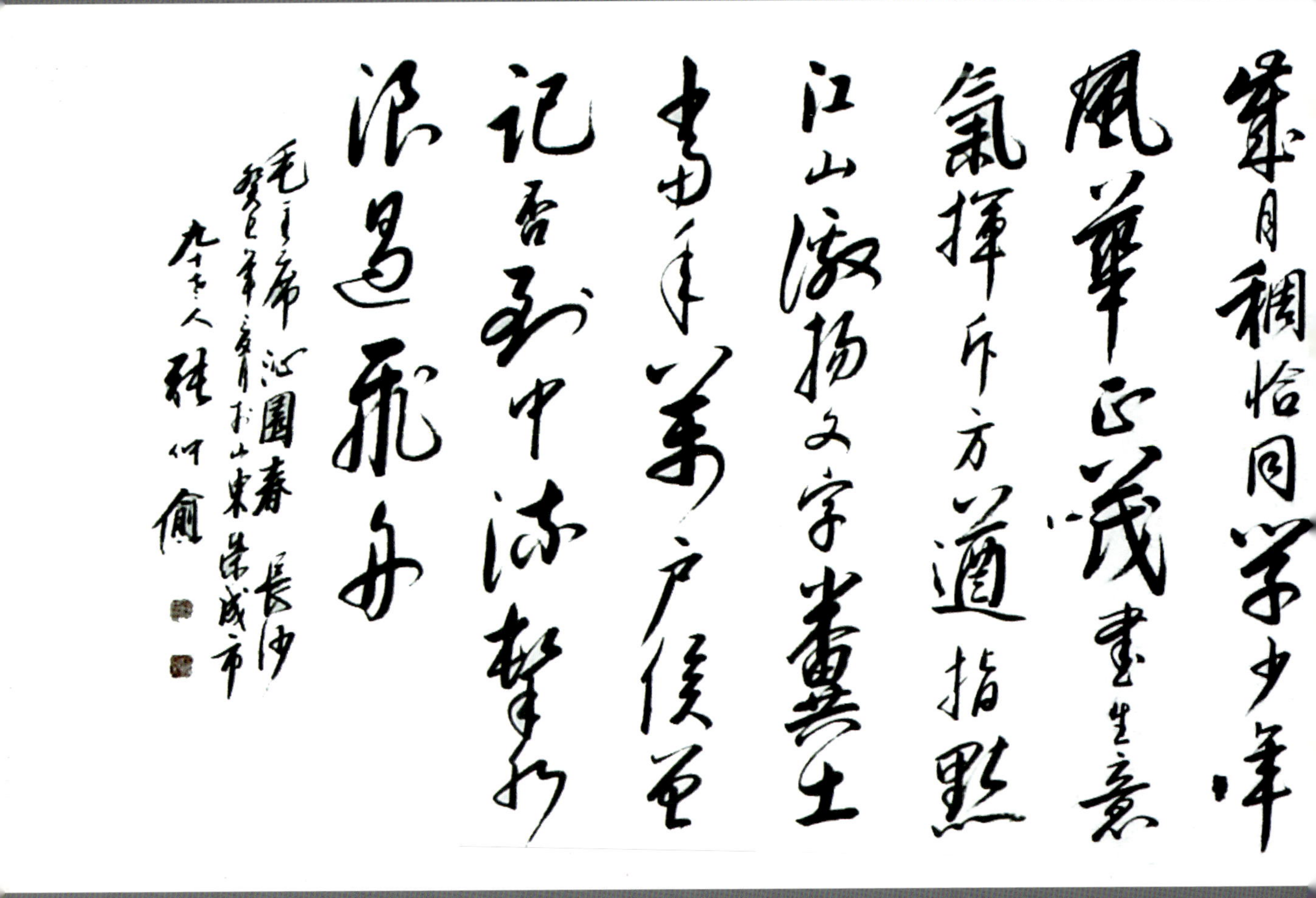

4-17

张仲愈书法

现代

纵 144cm，横 366cm

张仲愈捐赠

张仲愈（1923 ~ 2020），山东荣成人，中国书法家协会会员，2014 年将 50 幅个人作品捐赠给荣成博物馆。

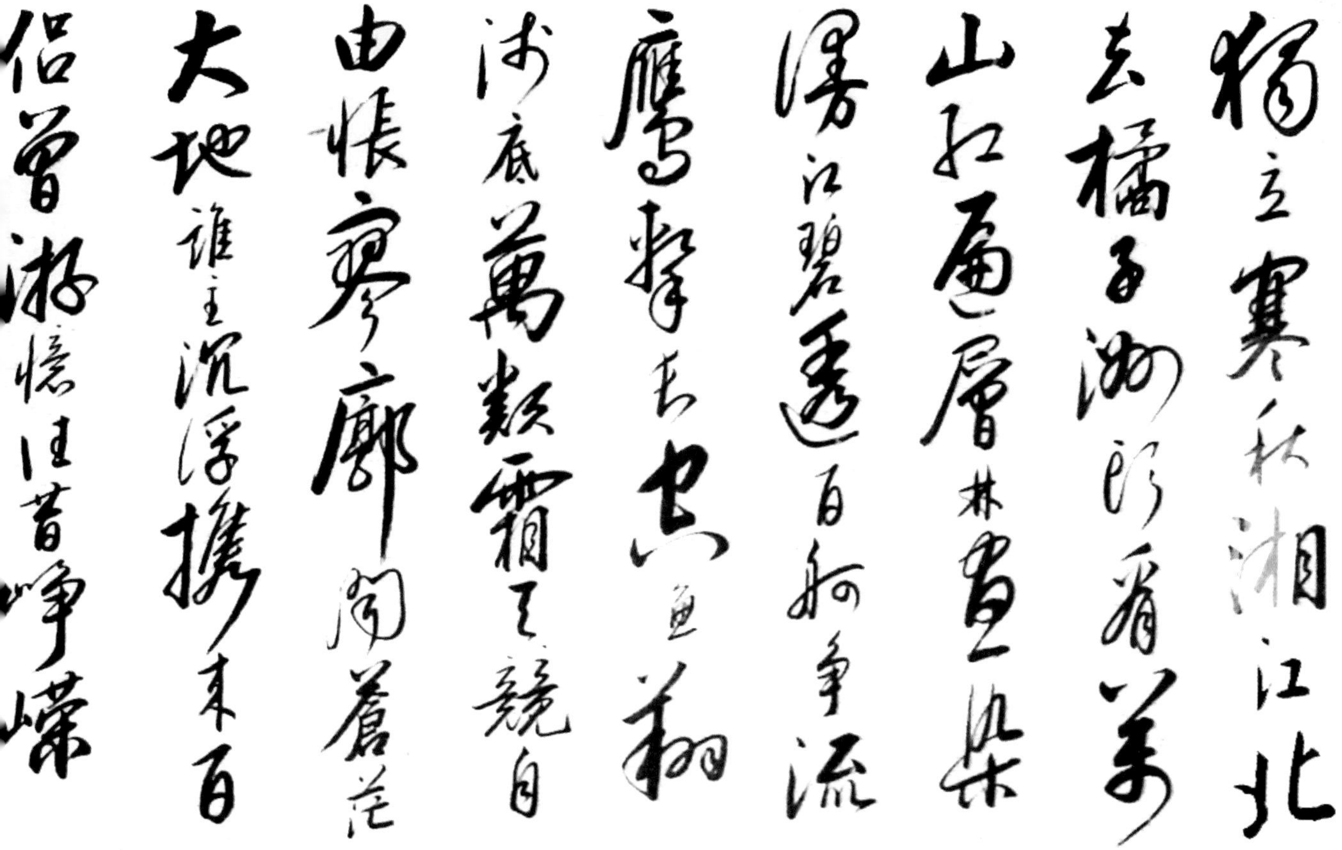
独立寒秋湘江北
去橘子洲头看万
山红遍层林尽染
漫江碧透百舸争流
鹰击长空鱼翔
浅底万类霜天竞自
由怅寥廓问苍茫
大地谁主沉浮携来百
侣曾游忆往昔峥嵘

第五部分 杂项

凡不能归属于石玉器、陶瓷器、青铜器以及书画四大项的藏品，均归属此类。馆藏杂项类别丰富，精品层出，集中展示了荣成数千年的悠久历史和海洋文化。藏品中汉代『昌阳严』石阙和明洪武铜铳尤为珍贵，均为一级文物。

5-01

骨针

新石器时期

长 9.1cm，直径 0.2cm，孔径 0.1cm

荣成市人和镇河口遗址出土

生活用具

形体短小，尖部锋利，尾部扁平，有穿孔，磨制光滑。

5-02

鬲足

商（前 1600 ~前 1046）
长 9.5cm，厚 0.5cm
荣成市成山镇成山头西井楼灰坑采集

夹砂黑褐色陶，绳纹。

5-03

石贝

商周（前 1600 ~前 256）
长 2.7cm，宽 2cm，厚 1cm（中）
荣成市成山镇肖水河村出土

正面有沟槽及齿纹。

5-04

刀币

战国时期（前 475 ~前 221）

长 17.4cm，宽 2.8cm

荣成市上庄镇北也子口村出土

货币

尖首，弧背，凹刃；刀的末端有圆环；面外廓高耸，有“齐法化”三字；背外廓不高，刀头处有三道水平横纹；中部有圆形纹饰；刀柄有两条贯穿横纹。

5-05

半瓦当

秦（前 221 ～前 207）

直径 17.5cm，高 8.6cm

荣成市成山镇成山头出土

建筑构件

夹砂褐陶，两个横置的 S 纹分布两侧，半圆形的当心饰网格纹。

5-06

瓦当

西汉（前 206 ~ 25）
直径 17.4 ~ 18cm，厚 1.4 ~ 3.3cm
荣成市埠柳镇不夜城址出土
建筑构件

刻有“长生无极”四字。

5-07

鎏金铜铺首

西汉（前 206 ～ 25）

通长 6cm，衔环径 3.5cm，柄径 0.4cm

兽首宽 1 ～ 4.2cm，厚 0.2 ～ 0.5cm

荣成市埠柳镇梁南庄汉墓出土

铜质漆器附件。

5-08

铜镜

汉（前 206 ～ 220）
直径 14.7cm，厚 0.2cm
荣成市埠柳镇梁南庄汉墓出土
梳妆用具

宽平缘，环钮，钮外一周连珠纹，外圈饰一周连珠纹，最外圈饰草叶枝蔓纹。

5-09

石阙

一级文物
汉（前 206 ~ 220）
高 227cm，宽 43 ~ 50cm，厚 21 ~ 27cm
荣成市荫子镇三家泊古墓群原存

阙石为花岗岩质，上端雕为盝顶，铭文阴刻在阙柱上半部正中，正面刻“昌阳严”，背面刻“严掾高”。

5-10

瓦当

唐（618 ~ 907）

直径 15.5cm，厚 1.8cm

荣成市港湾街道西车脚河村出土

建筑构件

当面为圆形，外圆饰两道弦纹，弦纹内饰谷纹，内圆阴刻八瓣莲花纹。

5-11

秦皇祠诗刻石

北宋（960 ~ 1127）
长 48.5cm，宽 36cm，厚 8.5cm
荣成市成山镇成山头始皇庙前出土

宝元二年（1039 年）八月十三日，河朔人王某为秦皇祠题诗石刻

5-12

“行省都事之印”铜印

元（1206 ~ 1368）
印面边长 6.3cm，通高 4.5cm
荣成市崖头街道台上刘家村出土

方形钮，其平面椭圆形，印面篆文“行省都事之印”，印背刻“行省都事之印”。

5-13

铜铳

一级文物

明洪武十一年（1378）

口径 13.5cm，底径 10cm，高 32.7cm

荣成市人和镇沙口近海出水

兵器

器身铸有铭文："水军左卫教所，张阿德习之，军人曹军兴，铳筒重二十斤，洪武十一年□月□日造。"

5-14

船舵

明（1368 ~ 1644）
长 7m，宽 3m
2016 年荣成市人和镇朱口村渔民打捞出水

沙船船舵属铁木结合结构，木质结构部分附着大量海洋生物，铁属部分腐蚀严重。

5-15

金耳坠

明（1368 ~ 1644）
长 4cm，重 2.5g

两件耳坠形制相同，正面莲花纹浮雕，背面中空。

5-16

“定辽后卫前千户所管军印”铜印

明（1368 ~ 1644）
边长 7.3cm，通高 8.4cm

嘉靖十三年（1534 年）卫所官印，长方形钮，印面篆文“定辽后卫前千户所管军印”，印背刻“定辽后卫前千户所管军印”，两侧刻“嘉靖十三年十二月”“靖字一千六百十八号”等字。

5-17

铁炮

清（1644 ~ 1911）

长 193cm，前径 15cm，后径 28cm，耳宽 41cm

荣成市崖头街道崖头村出土

兵器

铁质，炮口小、后膛大，口沿和尾部均铸有加强箍；有炮耳，炮耳上下亦铸有两圈加强箍；尾部有铁环。

5-18

“宝聚祥”木匾

清（1644 ~ 1911）
长 79cm，宽 197cm
荣成市石岛管理区港湾街道征集

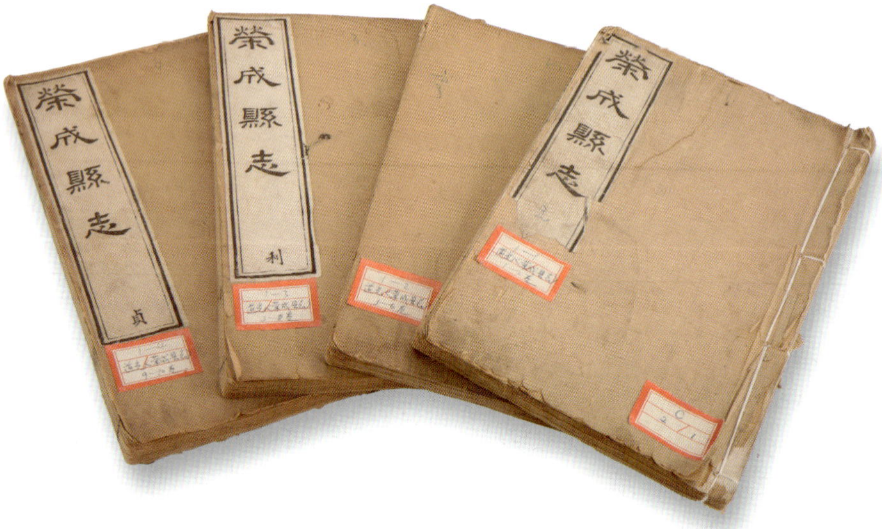

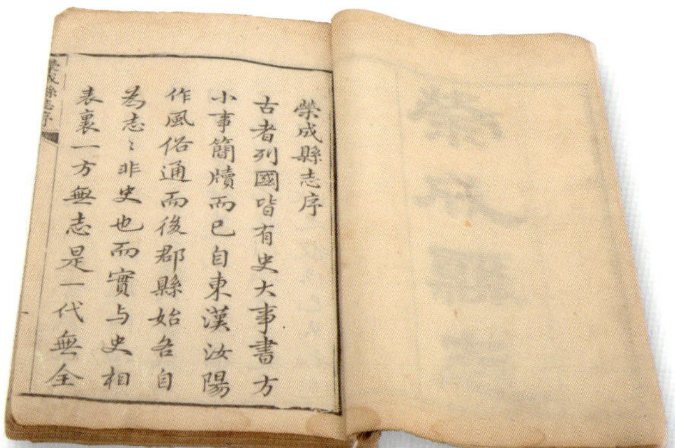

5-19

《荣成县志》

清道光二十年（1840 年）

纵 24.5cm，横 15.4cm，厚 0.7cm

李天骘修，岳赓廷协纂；全书四册十卷，内容涉及历史、地理、人文、风俗、政治、经济等方面内容，是荣成第一部县志。

5-20

刘培源[①]藏书

清（1644 ~ 1911）

刘培源后代捐赠

主要为清中晚期国学经典版本，共78种，计418册。

① 刘培源（1871 ~ 1912），字鉴清，荣成市成山镇马山寨村人，县学廪生。1906年创办宾兴小学和劝学所。1910年被推举为登州中学及登州师范两校校长。1912年1月29日，刘培源等人配合光复军，攻入荣成县城，建立军政府，被推选为民政长。1912年2月12日牺牲。

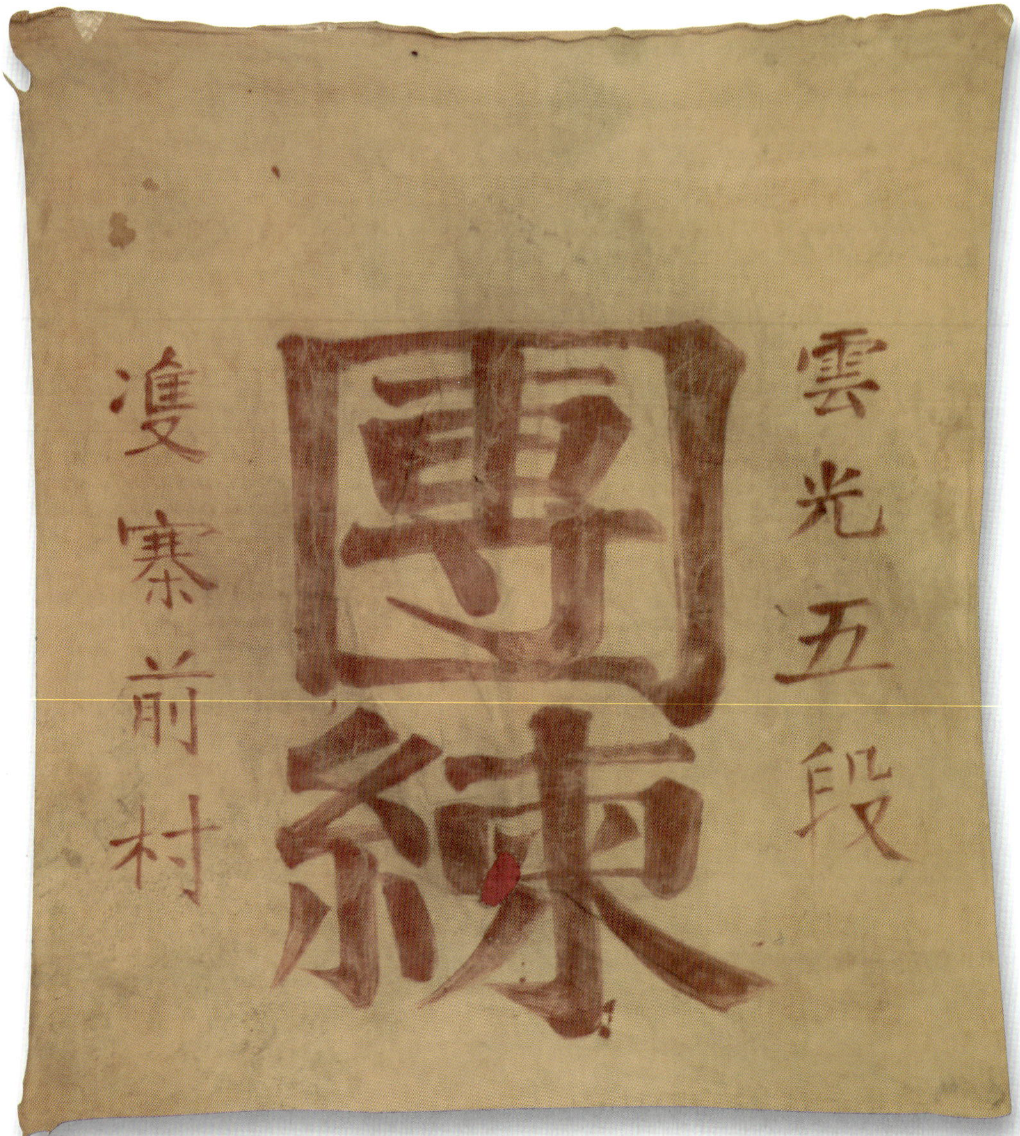

5-21

双寨前村团练旗

清（1644 ~ 1911）

纵 116cm，横 85cm

荣成市人和镇寨前村征集

咸丰、同治年间（1851 ~ 1874）荣成县举办团练以防捻军的实物见证；中部书“团练”，左右书“云光五段”和“双寨前村”（今荣成市人和镇寨前村）。

5-22

龙王神龛

清（1644 ~ 1911）

长 93cm，宽 102cm，高 170cm

荣成市滕家镇征集

此为仿照龙王庙制作的神龛，内有龙王雕塑；神龛做工精良，下半部柜子的四角有铁圈，可以插抬杠；当祭海或者求雨时，将其抬去海边或者山上祭祀。

5-23

诰命匣

清（1644 ~ 1911）

长 50.7cm，宽 29.2cm，高 55cm

荣成市崂山街道河南村征集

木质，由基座、圣旨架、外盖三部分组成；正面镶金二龙戏珠雕刻，中间有“奉天诰命”四字，两侧镶嵌金饰花瓣纹；基座下部和左侧浮雕菊花纹，右侧浮雕荷花纹；此件器物专为保存圣旨之用。

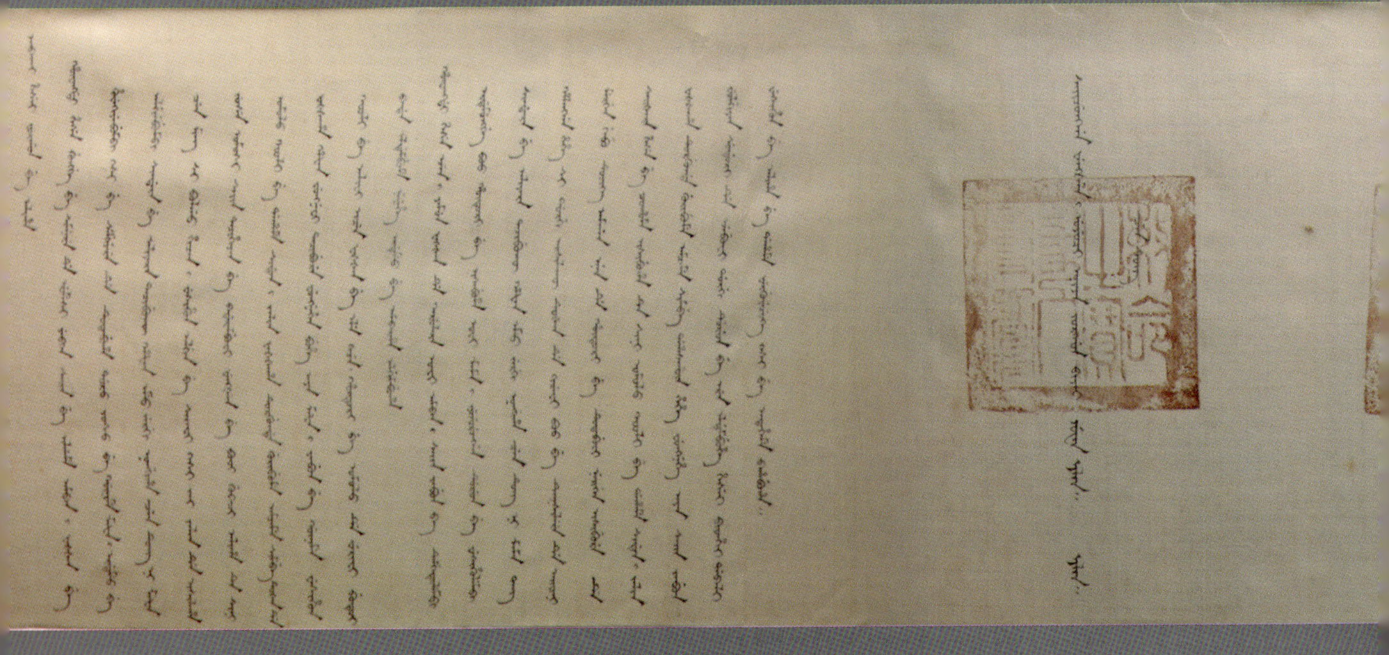

5-24

象牙笏板

清（1644~1911）

荣成市崂山街道河南村征集

笏身呈弧形，上宽下窄，由象牙制成，表面经过了抛光处理；《正字通》载：“明制，笏，四品以上用象牙，五品以下用木。”

5-25

圣旨

清（1644 ~ 1911）

长 199.5cm，宽 30.7cm

荣成市崂山街道河南村征集

嘉庆九年（1804 年）十二月十日，皇帝赐荣成崖头河南村陈桐[1]家族的圣旨。

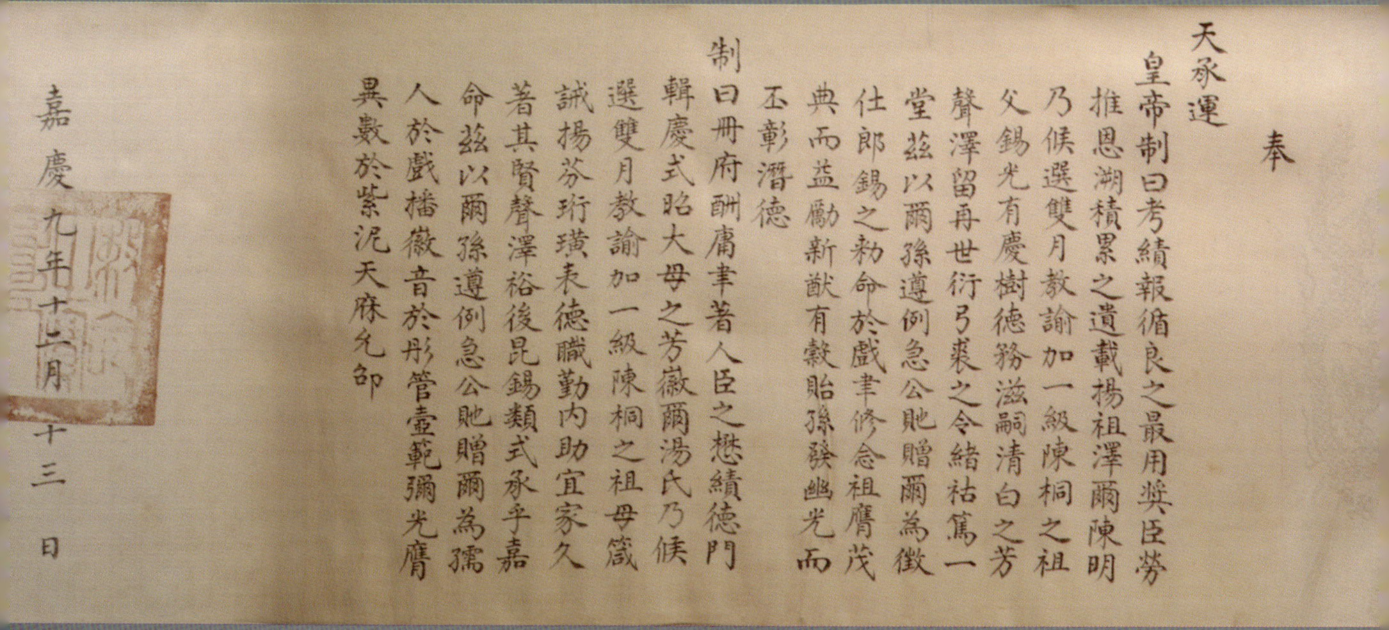

奉

天承運

皇帝制曰考績報循良之最用奬臣勞推恩溯積累之遺載揚祖澤爾陳明乃候選雙月教諭加一級陳桐之祖父錫光有慶樹德務滋嗣清白之芳聲澤留再世衍弓裘之令緒祜篤一堂茲以爾孫遵例急公貤贈爾為徵仕郎錫之勅命於戲聿修念祖膺茂典而益勵新猷有穀貽孫發幽光而丕彰潛德

制曰冊府酬庸聿著人臣之懋績德門輯慶式昭大母之芳徽爾湯氏乃候選雙月教諭加一級陳桐之祖母箴誠揚芬珩璜秉德職勤内助宜家久著其賢聲澤裕後昆錫類式承乎嘉命茲以爾孫遵例急公貤贈爾為孺人於戲播徽音於彤管壼範彌光膺異數於紫泥天庥允卲

嘉慶九年十二月十三日

[1] 陈桐，时任江西饶州府乐平县知县，因其政绩卓越，加封知州衔，荣耀家族，其祖母被封为“宜人”。

5-26

《民国荣成县续志编存稿》

中华民国（1912 ~ 1949）

2018 年夏民间征集

《民国荣成县续志编存稿》共 1800 多页，包括舆地志、教育志、选举志、人物志、物产志、艺文志、通纪、建设志、政治志、经济志、食货志、渔盐志、交通志、社会志、风俗志、附志等内容；此稿件对保护荣成历史文化遗产、弘扬荣成优秀传统文化成果有重要意义。

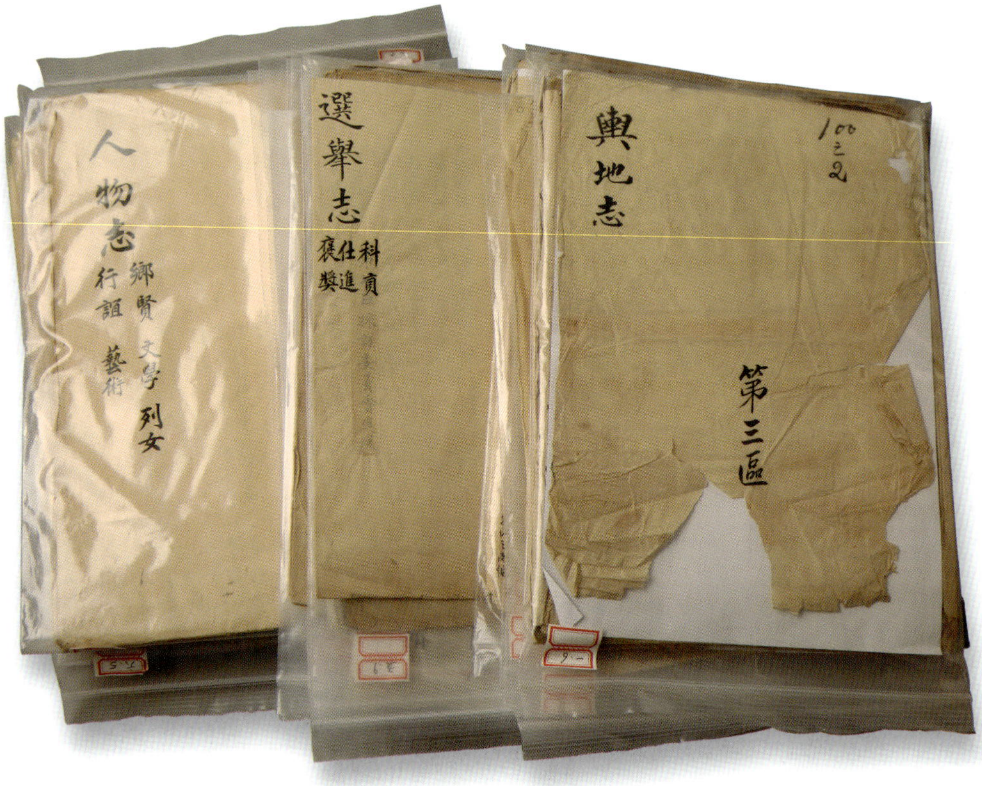

民國榮成縣續志編存稿（上）
榮成博物館整理
民國榮成縣續志編存稿（上）
民國榮成縣續志編存稿（中）
民國榮成縣續志編存稿（下）

第六部分

革命文物

荣成有着丰富的红色文化资源，早在1931年就成立了党组织，战争年代荣成人民积极参军、支前，5万名荣成子弟加入人民军队，5000多名将士为国捐躯，涌现出以魏来国、齐进虎、张积慧为代表的数以百计的英雄模范。馆藏革命文物以社会捐赠为主，主要包括抗日战争时期和解放战争时期的文物，集中展示了党领导下的荣成儿女夺取革命胜利的光辉历程和不朽功勋，其中以荣成籍军人、将领捐赠的勋章、礼服为主要特色。

6-01

曹漫之信札

1945 年

长 22cm，宽 16cm

曹漫之（1913 ~ 1991），荣成市成山一村人，荣成早期党的领导人，曾任胶东行署主任、上海市政府副秘书长兼民政局局长、华东政法学院副院长等职。此信内容为修建胶东抗日烈士纪念塔，曹漫之手书。

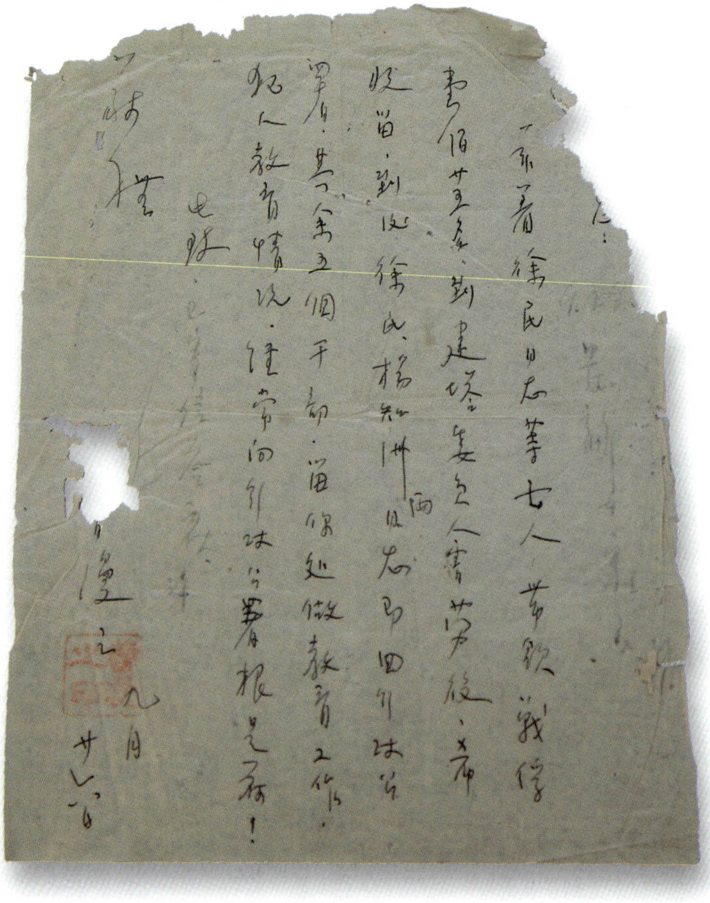

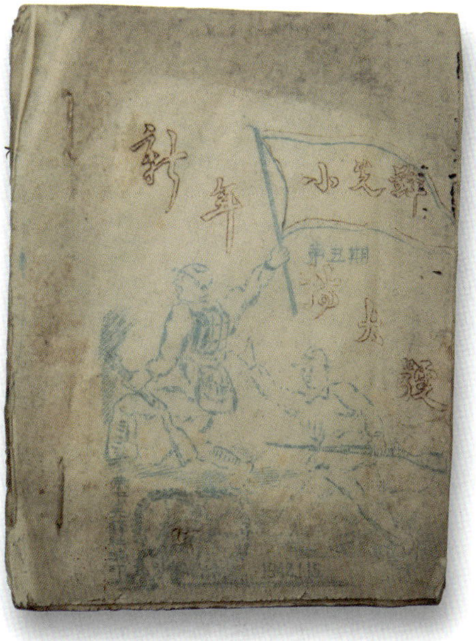

6-02

《大众吼声》杂志

1940 年

长 14cm，高 20.4cm

孤本，由荣成县第七区小先锋杂志社发行，主要是教育和引导儿童抗日救国。

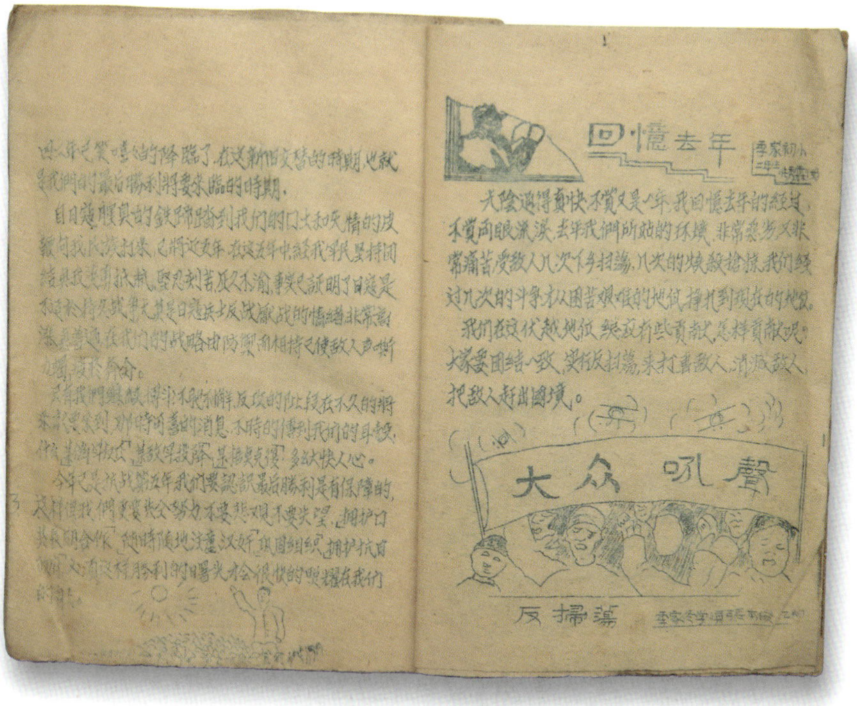

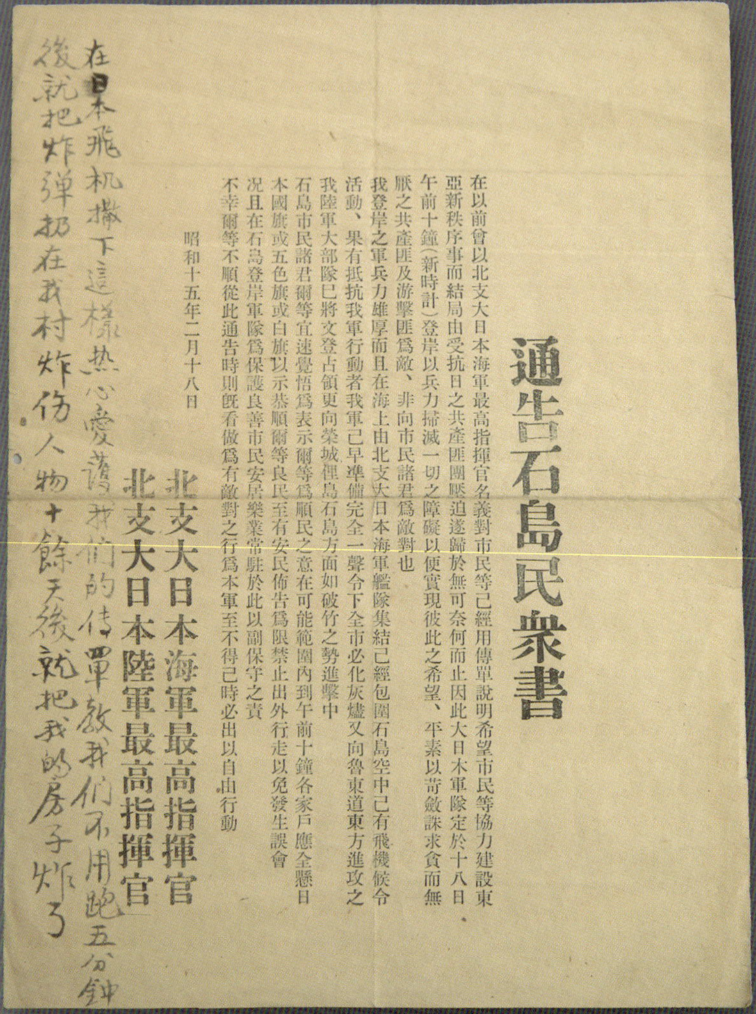

通告石島民衆書

在以前曾以北支大日本海軍最高指揮官名義對市民等已經用傳單說明希望市民等協力建設東亞新秩序事而結局由受抗日之共產匪團壓迫遂歸於無可奈何而止因此大日本軍隊定於十八日午前十鐘（新時計）登岸以兵力掃滅一切之障礙以便實現彼此之希望、平素以苛斂誅求貪而無厭之共產匪及游擊匪爲敵、非向市民諸君爲敵對也

我登岸之軍兵力雄厚而且在海上由北支大日本海軍艦隊集結已經包圍石島空中已有飛機候令活動、果有抵抗我軍行動者我軍已早準備完全一聲令下全市必化灰燼又向魯東道東方進攻之我陸軍大部隊已將文登占領更向榮城俚島石島方面如破竹之勢進擊中

石島市民諸君爾等宜速覺悟爲表示爾等爲順民之意在可能範圍內到午前十鐘各家戶應全懸日本國旗或五色旗或白旗以示恭順爾等良民至有安民佈告爲限禁止出外行走以免發生誤會況且在石島登岸軍隊爲保護良善市民安居樂業常駐於此以副保守之責

不幸爾等不順從此通告時則既看做爲有敵對之行爲本軍至不得已時必出以自由行動

昭和十五年二月十八日

北支大日本海軍最高指揮官

北支大日本陸軍最高指揮官

在日本飛机撒下這樣热心愛護我们的传单教我们不用跑五分钟後就把炸弹扔在我村炸伤人物十餘天後就把我的房子炸了

6-03

日军《通告石岛民众书》

1940 年

长 27cm，宽 19.5cm

1940 年日军入侵荣成时飞机空投的传单，被斥山街道尹格庄村张锡馨捡获，并在传单上记录了日军飞机投掷炸弹炸死村民、炸毁房屋的罪行。

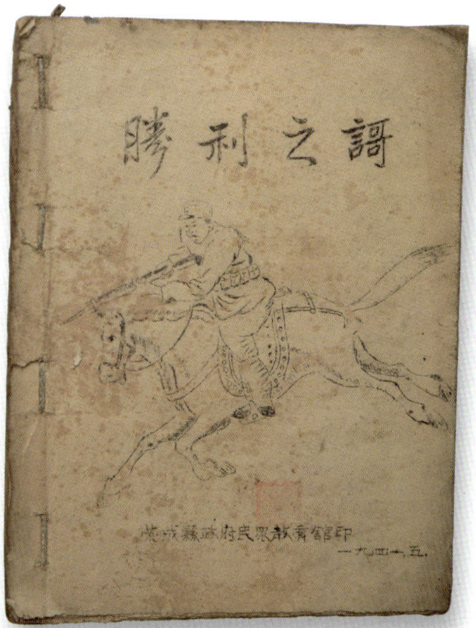

6-04

《胜利之歌》

1941 年

长 18cm，宽 13.5cm

孤本，由荣成县民众教育馆编印发行，主要宣传和拥护中国共产党，号召民众参与抗日救亡运动。

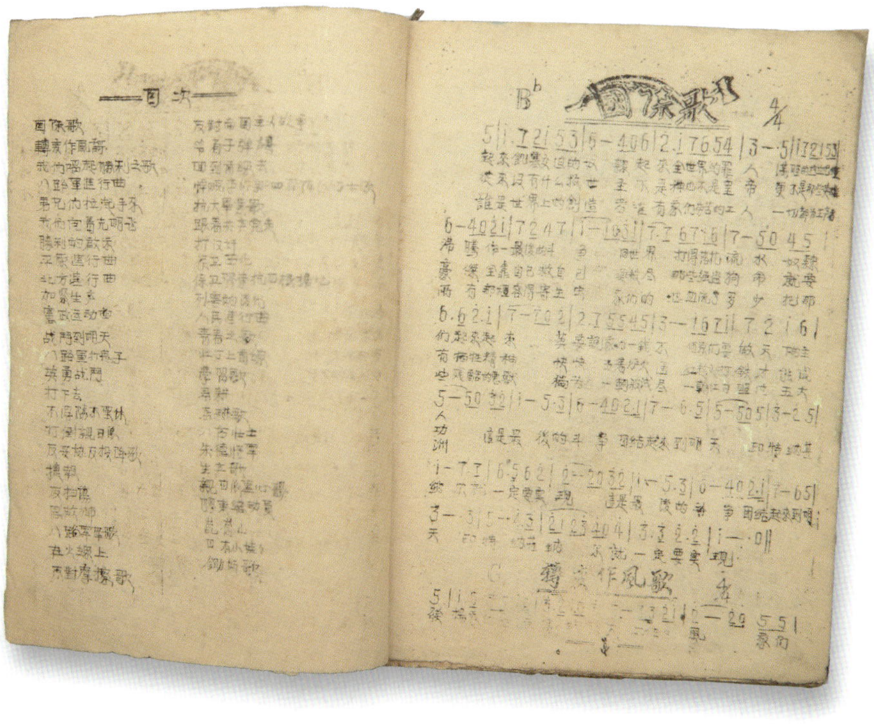

6-05

日军飞机轮胎

1943 年

内径 30cm，外径 78cm，胎面宽度 22.5cm

橡胶材质。1943 年 4 月 23 日，胶东军区东海独立团二营五连于荣成县崖头村设伏，用机枪击落前来轰炸的日军第三遣支舰队青岛空军 337 号战机。此飞机轮胎作为战利品留存至今。

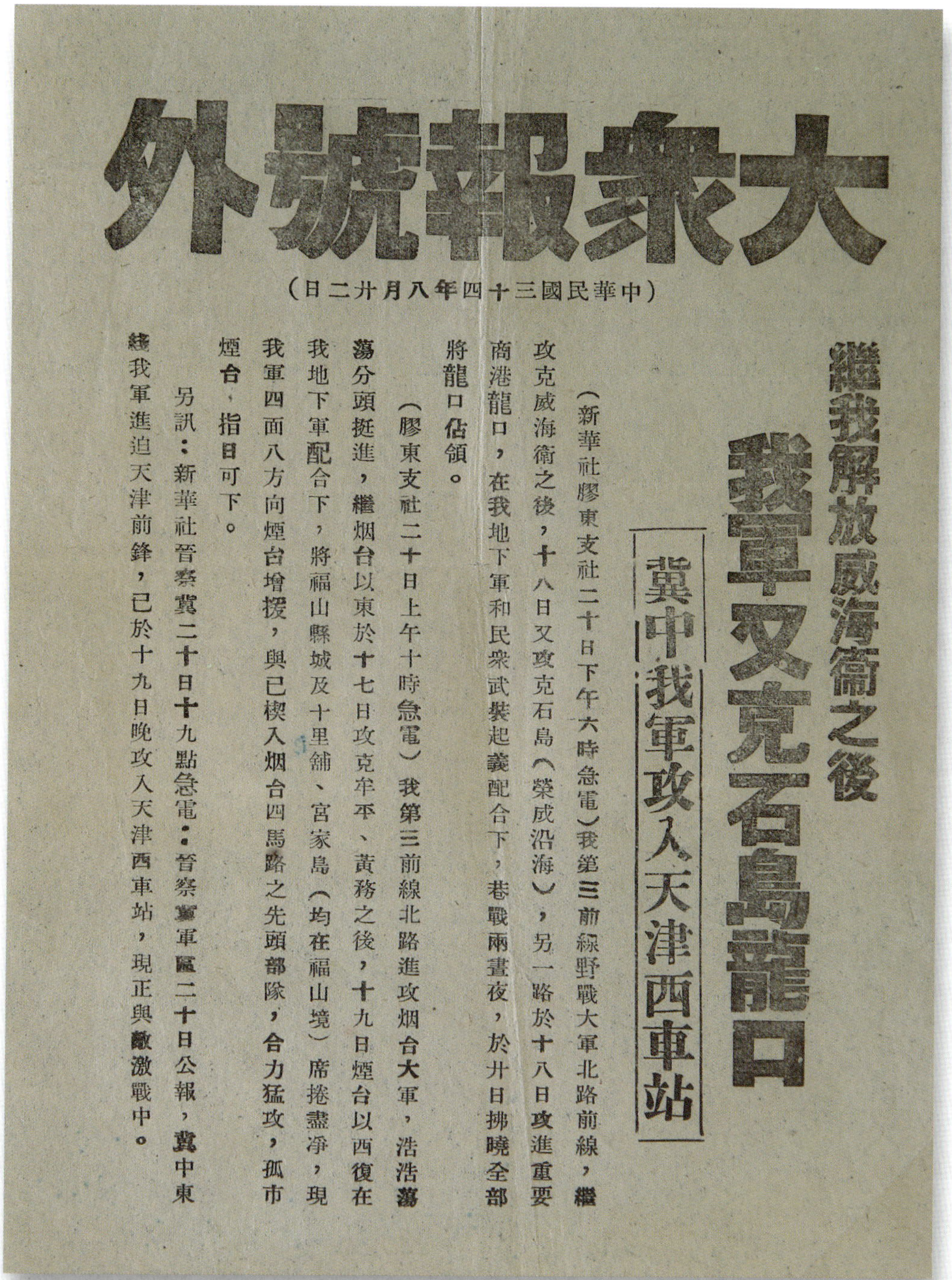

大衆報號外

（中華民國三十四年八月廿二日）

繼我解放威海衛之後 我軍又克石島龍口

冀中我軍攻入天津西車站

（新華社膠東支社二十日下午六時急電）我第三前線野戰大軍北路前線，繼攻克威海衛之後，十八日又攻克石島（榮成沿海），另一路於十八日攻進重要商港龍口，在我地下軍和民衆武裝起義配合下，巷戰兩晝夜，於廿日拂曉全部將龍口佔領。

（膠東支社二十日上午十時急電）我第三前線北路進攻烟台大軍，浩浩蕩蕩分頭挺進，繼烟台以東於十七日攻克牟平、黃務之後，十九日煙台以西復在我地下軍配合下，將福山縣城及十里舖、宮家島（均在福山境）席捲盡淨，現我軍四面八方向煙台增援，與已楔入烟台四馬路之先頭部隊，合力猛攻，孤市煙台，指日可下。

另訊：新華社晉察冀二十日十九點急電：晉察冀軍區二十日公報，冀中東綫我軍進迫天津前鋒，已於十九日晚攻入天津西車站，現正與敵激戰中。

6-06

《大众报》号外

1945 年

长 163cm，高 275cm

此号外报道了解放石岛的消息。《大众报》是中共胶东特委（中共胶东区党委）的机关报，1938 年 8 月 13 日在胶东黄县创刊，报纸是铅印四开四版日报。

6-07

美式军毯

1946 年
长 197cm，宽 155.5cm
柯本仁[①] 捐赠

该军毯为四野鞍山战斗时缴获的国民党军队装备中的美式物资。

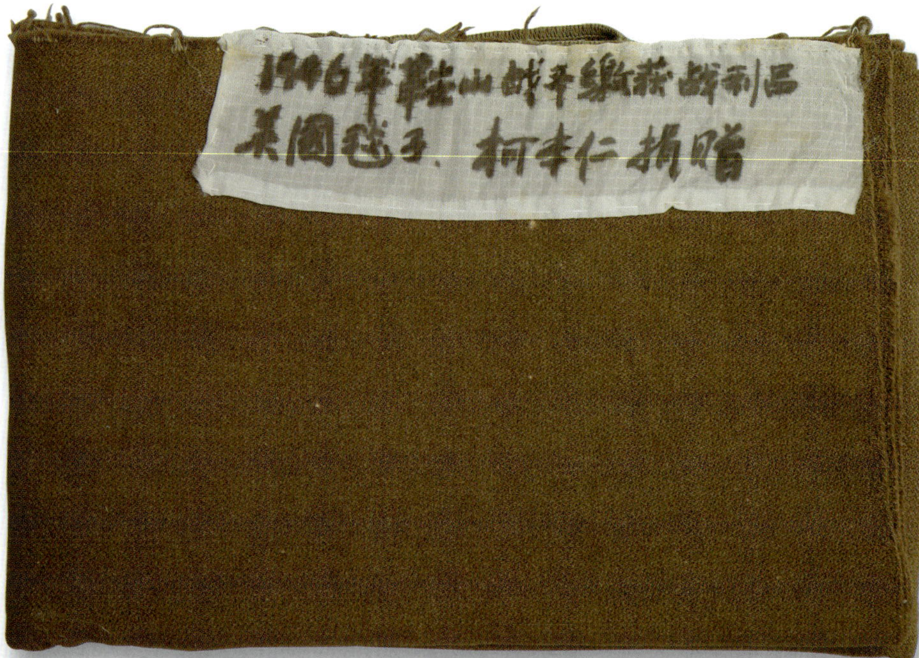

① 柯本仁（1921～2007），荣成市崖子镇柯家村人，曾任广州军区后勤部副部长。

6-08

东北民主联军奖章

1947 年

直径 4.8cm

车学藻[①]将军捐赠

铜质，由东北民主联军总政治部颁发。

① 车学藻（1917～2012），原荣成市泊于镇海西头村人，曾任广西军区副政委、中南局工交政治部主任。

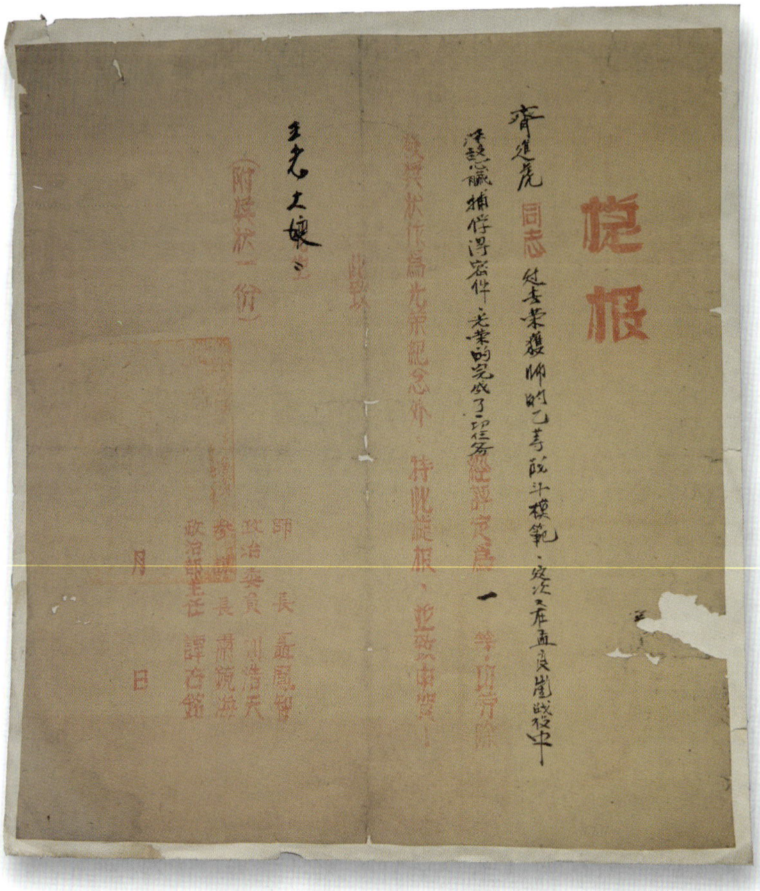

6-09

齐进虎立功捷报

1947 年

长 22cm，高 26cm

齐进山[①] 捐赠

齐进虎在孟良崮战役中荣获的一等功捷报。齐进虎（1925～1950），荣成市崖头街道前密文村人，著名侦察英雄，华东一级人民英雄，1950 年牺牲于抗美援朝战争长津湖战役。

① 齐进山，齐进虎烈士的弟弟。

6-10

华东一级人民英雄奖章

一级文物

1949 年

直径 5.4cm

铜质。齐进虎荣获的华东一级人民英雄奖章。1949 年渡江战役前，齐进虎在黑沙洲潜伏 31 个昼夜，用木盆渡江送回情报，为取得渡江战役的胜利立下了不朽功勋，战后他被评为“华东一级人民英雄”。

6-11

木盆

1949 年

长 182cm，宽 137cm，高 43cm

周培杰[①]捐赠

齐进虎渡江同款木盆，原渡江木盆现收藏于中国人民革命军事博物馆。

① 周培杰，齐进虎烈士的战友。

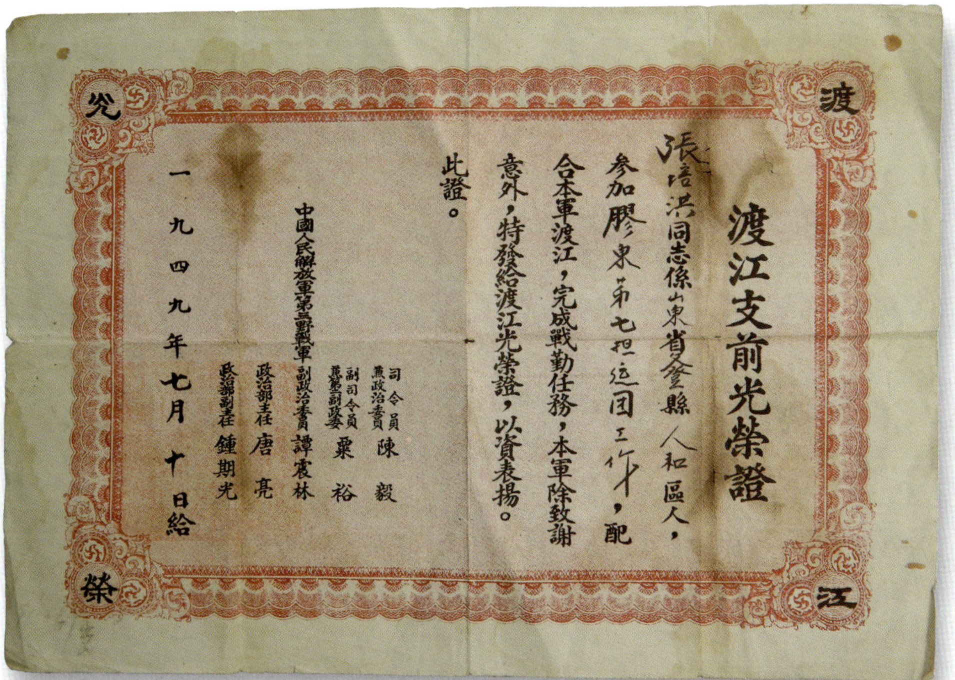

6-12

支前光荣证

1949 年

长 27cm，宽 19cm

荣成市何家村张培洪捐赠

1948 年，张培洪参加支前民工担架团。在渡江战役中，船桅杆被打断，他继续驾船前进立下功劳。该证由陈毅、粟裕签发。

6-13

支前奖状

1949 年
长 32cm，高 22cm
荣成市初家庄村刘崇连捐赠

刘崇连在京沪杭战役中荣立二等功，获此奖状。奖状由傅秋涛、宋任穷签发。

6-14

军用指南针

1951 年

柯本仁捐赠

此军用指南针为抗美援朝时期我军装备。

6-15

将军礼服

1955 年

李耀文[①]亲属捐赠

这套礼服是李耀文 1955 年被授予少将军衔时所穿。

① 李耀文（1918 ~ 2018），荣成市成山一村人，1955 年被授予少将军衔，1988 年被授予海军上将军衔，曾任国防科委政委、海军政委。

6-16

校官礼服

1955 年

樊子兰[①] 捐赠

这套礼服是樊子兰 1955 年被授予上校军衔时所穿。

① 樊子兰（1925 ~ ），荣成市寻山街道寻山所村人，曾任铁道兵后勤部工厂管理处处长。

6-17

三级独立自由勋章和三级解放勋章

1955 年

三级独立自由勋章（左）直径为 5cm

三级解放勋章（右）直径为 4.5cm

樊子兰捐赠

铜质。三级独立自由勋章授予抗日战争时期的营级、连级干部，三级解放勋章授予解放战争时期的团级、营级干部。

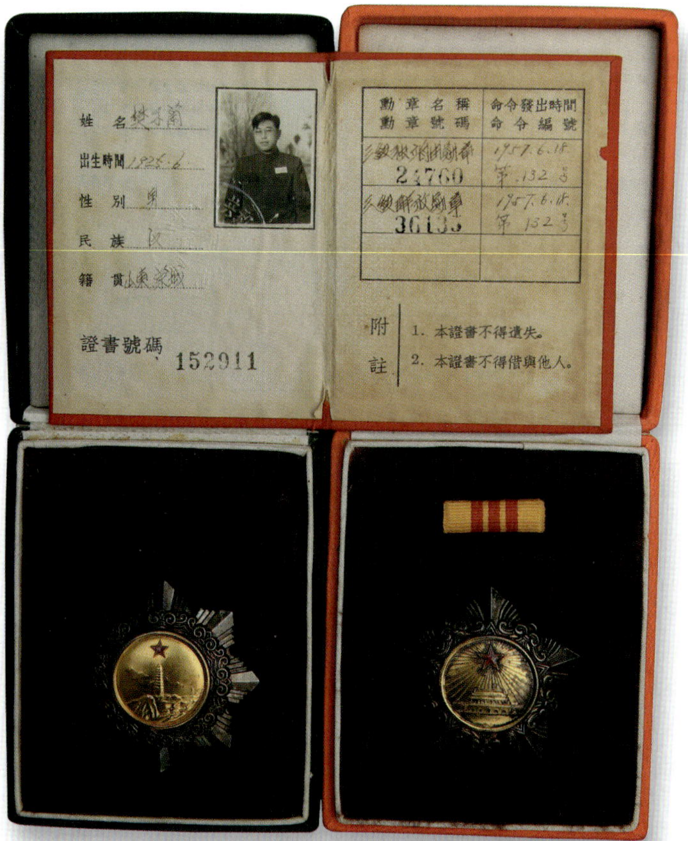

6-18

二级独立自由勋章和二级解放勋章

1955 年

二级独立自由勋章（左）直径为 5cm

二级解放勋章（右）直径为 4.5cm

车学藻捐赠

铜质。二级独立自由勋章颁发给抗日战争时期旅团级干部，二级解放勋章颁发给解放战争时期师级干部。

6-19

三级独立自由勋章和三级解放勋章

1955 年
三级独立自由勋章直径为 5cm
三级解放勋章直径为 4.5cm
王丕礼[①] 捐赠

铜质。

① 王丕礼（1921 ~ 1998），荣成市埠柳镇上埠头村人，曾任第三十八军政治委员、黑龙江省军区政委。

6-20

三级独立自由勋章和三级解放勋章

1955 年
三级独立自由勋章（左）直径为 5cm
三级解放勋章（右）直径 4.5cm
张序登[①]中将捐赠

铜质。

① 张序登（1925 ~ 2007），荣成市虎山镇邱家村人，曾任广州军区副司令员，1988 年被授予中将军衔。

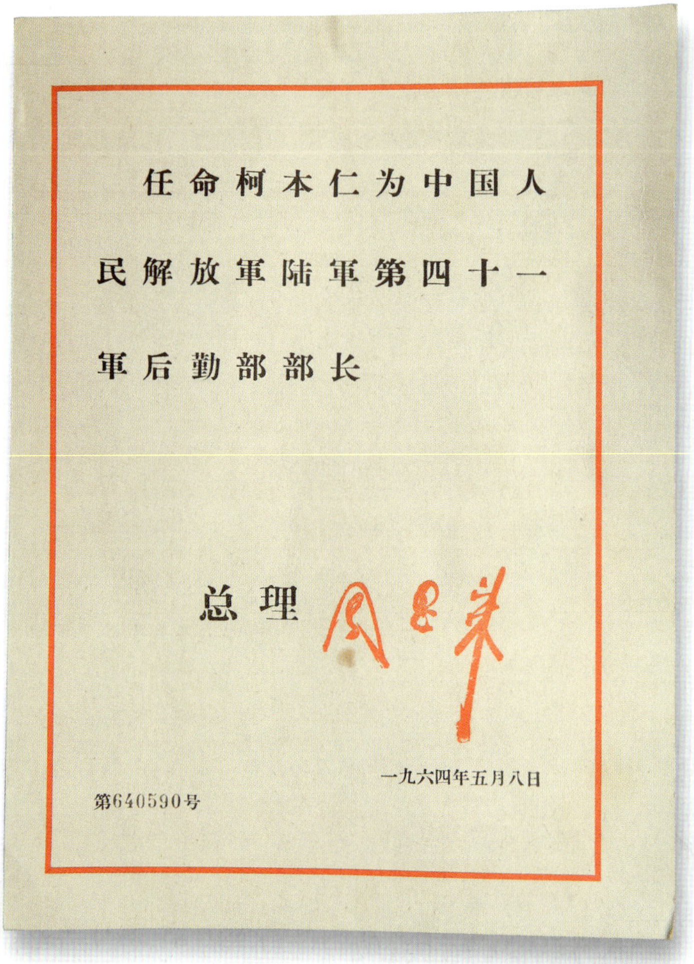

任命柯本仁为中国人民解放軍陆軍第四十一軍后勤部部长

总理 周恩来

一九六四年五月八日

第640590号

6-21

周恩来总理签发的任命书

1964 年

长 16.5cm，高 25cm

柯本仁捐赠

此任命书由周恩来总理签发，任命柯本仁为中国人民解放军陆军第四十一军后勤部部长。

6-22

将军军装

20 世纪 60 年代

张怀忠[①] 捐赠

① 张怀忠（1917 ~ 1993），荣成市斥山街道吴家村人，曾任济南军区副参谋长、第七机械工业部副部长、第一机械工业部副部长，1961 年被授予少将军衔。

6-23

军用望远镜和指南针

1979 年

张序登捐赠

此为张序登将军在对越自卫反击战中使用的装备，时任中国人民解放军第四十一军军长。

6-24

仪仗兵指挥刀

20 世纪 90 年代

全长 100cm，刀刃宽 2.5cm，重 1650g

孙本胜[①] 捐赠

中国人民解放军三军仪仗大队使用，被誉为“天下第一刀”。

① 孙本胜（1945～），荣成市埠柳镇东姚家山村人，曾任北京卫戍区政委，少将军衔。

第七部分

郭永怀专题文物

郭永怀是荣成籍"两弹一星"功勋科学家、中国科学院学部委员（院士）、著名力学家、应用数学家、我国近代力学事业的奠基人之一。1968年因飞机失事不幸牺牲。馆藏郭永怀专题文物200余件，主要来自郭永怀曾经工作过的单位及郭永怀亲属、学生等社会各界的捐赠。藏品包括郭永怀生前用品、信件、证件、实验仪器等，充分展示了"两弹一星"元勋郭永怀"无私奉献、以身许国"的家国情怀。

7-01

德国相机

20 世纪三四十年代

长 7cm，宽 7cm，高 15cm

郭永怀曾用过的德国 ROLLEICORD 牌相机。

7-02

钢琴

宽 148cm，高 114cm，厚 61cm
李佩亲属捐赠

1956 年，郭永怀一家回国后，夫妻俩为女儿郭芹购买的钢琴。

7-03

冰箱

宽 87cm，高 144cm，厚 37cm

李佩亲属捐赠

郭永怀一家回国后，李佩的父亲李保龄送给他们的冰箱。

7-04

中国科学院力学研究所工作证

1959 年

横 12.4cm，纵 9.3cm

李佩亲属捐赠

1956 年 10 月，郭永怀归国后，应钱学森之邀，来到中国科学院力学研究所任学术秘书，1958 年担任力学研究所常务副所长。

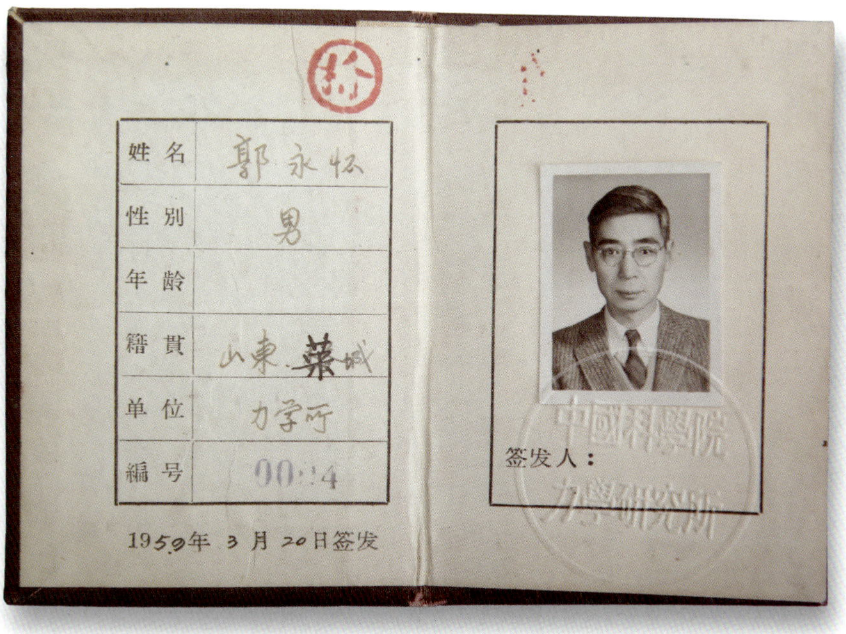

7-05

中国科学院会议出席证

1959 年

横 21cm，纵 6.9cm

李佩亲属捐赠

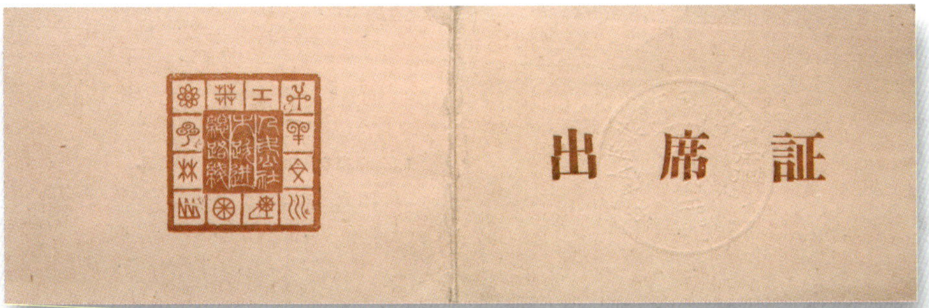

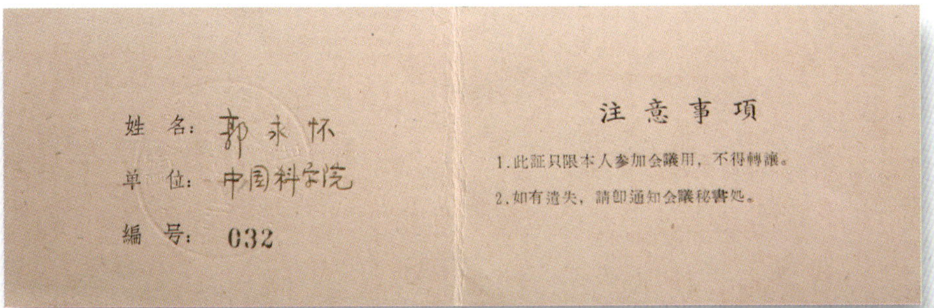

7-06

双人床

20世纪50年代
床：长1.86m，宽1.36m，高0.75m
床垫：长1.86m，宽1.36m，厚0.07m
李佩捐赠

郭永怀一家自1956年回国后，一直住在中关村13号。床是归国后夫妻俩一起购买的，床垫是从美国带回来的，一用就是60多年。

7-07

美国餐具

20 世纪 50 年代
胡文瑞[①] 捐赠

郭永怀夫妇送给学生胡文瑞的一套玫瑰花纹骨瓷餐具，全套 70 件。

① 胡文瑞，中国科学院院士，郭永怀的学生。

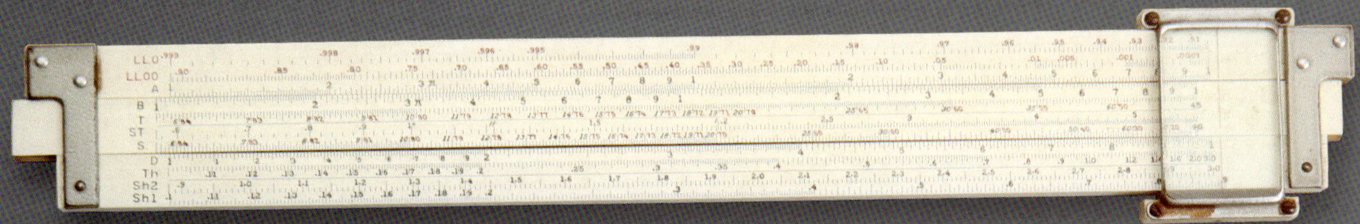

7-08

计算尺

20世50年代

长32cm，宽5cm，厚1cm

王柏懿[①]捐赠

这款计算尺为1083型，是钱学森用自己的稿费购买，送给学生的计算尺。

① 王柏懿，郭永怀和钱学森的学生。

7-09

全国政协文化俱乐部出入证

1960 年
横 20.2cm，纵 7cm
李佩亲属捐赠

1957 年，郭永怀当选第二届全国政协委员，又先后当选第二、第三届全国人大代表。

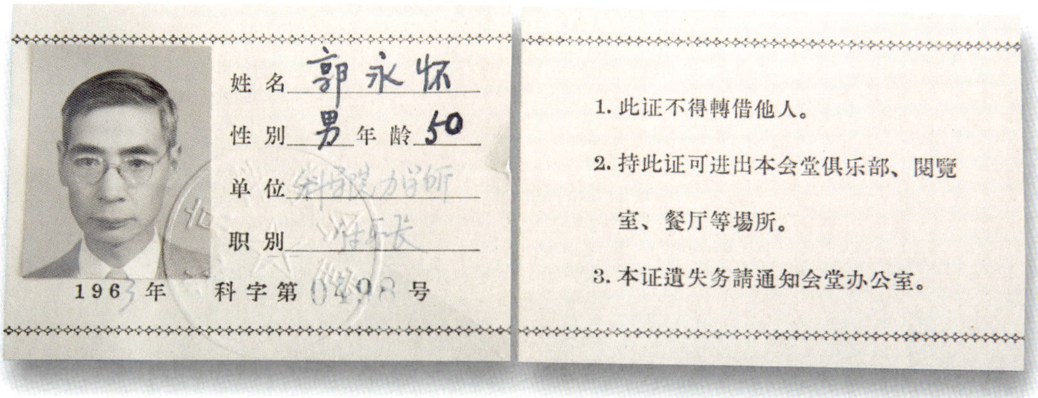

姓名 郭永怀

性别 男 年龄 50

单位 科学院力学所

职别 副所长

1963 年 科学第 [illegible] 号

1. 此证不得轉借他人。

2. 持此证可进出本会堂俱乐部、閱覽室、餐厅等場所。

3. 本证遺失务請通知会堂办公室。

7-10

北京科学会堂出入证

1963 年

横 18.8cm，纵 6.7cm

李佩亲属捐赠

7-11

《边界层理论讲义》

1963 年

横 18.5cm，纵 26cm

李家春、毛鸿羽[1] 捐赠

郭永怀为中国科学技术大学化学物理系第一届学生讲授“边界层理论”课程时亲自编写的讲义，分为上、下两册。

① 李家春、毛鸿羽，均为郭永怀的学生。

7-12

边界层理论期终试题

1963 年

横 26.7cm，纵 39cm

呼和敖德[①] 捐赠

郭永怀在中国科学技术大学讲授“边界层理论”课程的期终试题。

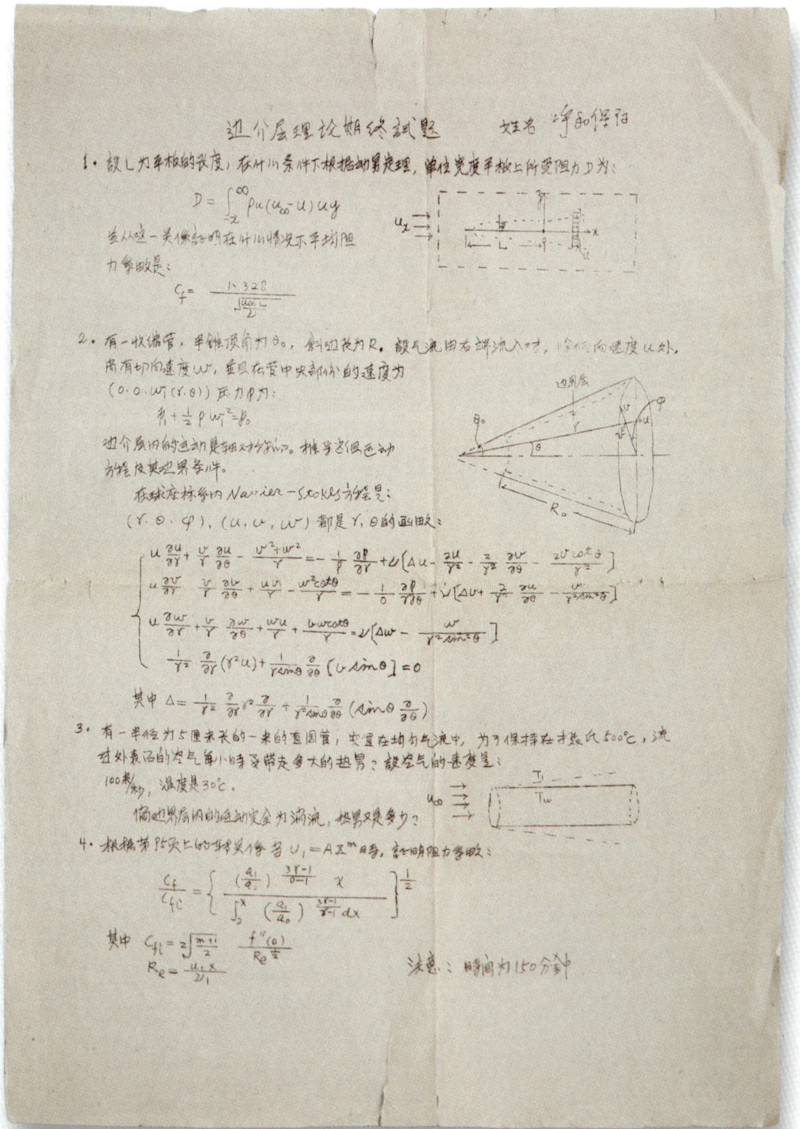

边界层理论期终试题　　姓名

1. 設 L 为平板的长度，在什么条件下根据动量定理，单位宽度平板上所受阻力 D 为：

$$D=\int_{-\infty}^{\infty}\rho u(u_\infty-u)dy$$

并从这一关系证明在什么情况下平板阻力系数是：

$$C_f=\frac{1.328}{\sqrt{\frac{u_\infty L}{\nu}}}$$

2. 有一喇叭管，半锥顶角为 θ_0，斜边长为 R。設气流由右端流入时，除径向速度 u 外，尚有切向速度 w，並且在管中央部份的速度为 $(0, 0, w_1(r,\theta))$ 压力 p 为：

$$p_1+\frac{1}{2}\rho w_1^2=p_0$$

边界层内的运动是轴对称的。推导这個运动方程及其边界条件。

在球座标系内 Navier-Stokes 方程是：

(r,θ,φ)，(u,v,w) 都是 r,θ 的函数：

$$\begin{cases} u\frac{\partial u}{\partial r}+\frac{v}{r}\frac{\partial u}{\partial\theta}-\frac{v^2+w^2}{r}=-\frac{1}{\rho}\frac{\partial p}{\partial r}+\nu\left[\Delta u-\frac{2u}{r^2}-\frac{2}{r^2}\frac{\partial v}{\partial\theta}-\frac{2v\cot\theta}{r^2}\right] \\ u\frac{\partial v}{\partial r}+\frac{v}{r}\frac{\partial v}{\partial\theta}+\frac{uv}{r}-\frac{w^2\cot\theta}{r}=-\frac{1}{\rho}\frac{\partial p}{r\partial\theta}+\nu\left[\Delta v+\frac{2}{r^2}\frac{\partial u}{\partial\theta}-\frac{v}{r^2\sin^2\theta}\right] \\ u\frac{\partial w}{\partial r}+\frac{v}{r}\frac{\partial w}{\partial\theta}+\frac{wu}{r}+\frac{vw\cot\theta}{r}=\nu\left[\Delta w-\frac{w}{r^2\sin^2\theta}\right] \\ \frac{1}{r^2}\frac{\partial}{\partial r}(r^2u)+\frac{1}{r\sin\theta}\frac{\partial}{\partial\theta}[v\sin\theta]=0 \end{cases}$$

其中 $\Delta=\frac{1}{r^2}\frac{\partial}{\partial r}r^2\frac{\partial}{\partial r}+\frac{1}{r^2\sin\theta}\frac{\partial}{\partial\theta}\left(\sin\theta\frac{\partial}{\partial\theta}\right)$

3. 有一半径为 5 厘米长的一米的直圆管，安置在均匀气流中，为了保持在摄氏 500°C，流过外表面的空气每小时要带走多大的热量？設空气的速度是：100 米/秒，温度是 30°C。

倘边界层内的运动完全为湍流，热量又是多少？

4. 根据第 95 页上的关系，当 $U_1=Ax^m$ 时，証明阻力系数：

$$\frac{C_f}{C_{fc}}=\left\{\frac{\left(\frac{a_1}{a_0}\right)^{\frac{3\gamma-1}{\gamma-1}}x}{\int_0^x\left(\frac{a_1}{a_0}\right)^{\frac{3\gamma-1}{\gamma-1}}dx}\right\}^{\frac{1}{2}}$$

其中 $C_{fc}=2\sqrt{\frac{m+1}{2}}\frac{f''(0)}{R_e^{\frac{1}{2}}}$

$R_e=\frac{u_1x}{\nu_1}$

注意：时间为 150 分钟

① 呼和敖德，郭永怀的学生。

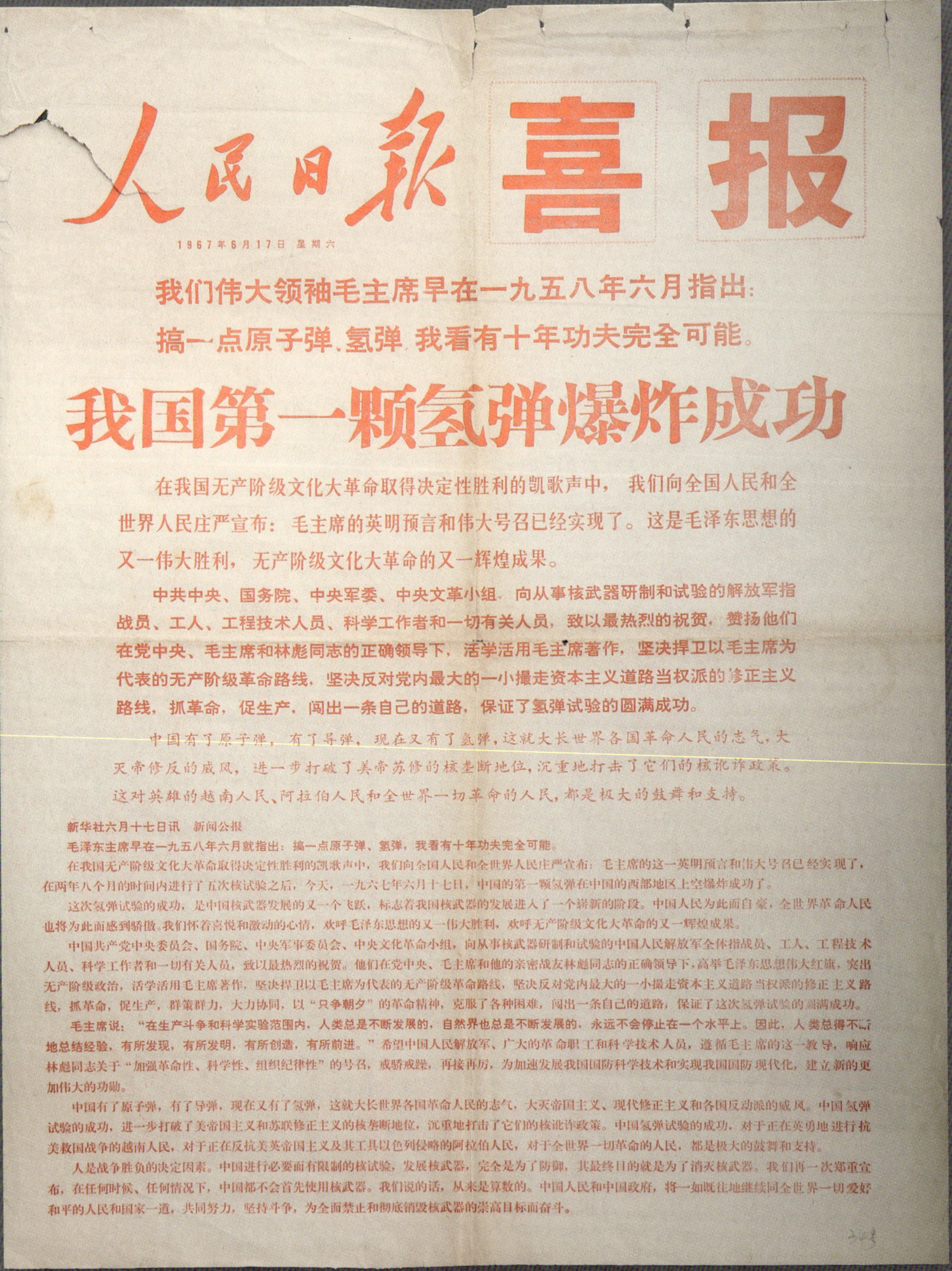

人民日报 喜报

1967年6月17日 星期六

我们伟大领袖毛主席早在一九五八年六月指出：搞一点原子弹、氢弹，我看有十年功夫完全可能。

我国第一颗氢弹爆炸成功

在我国无产阶级文化大革命取得决定性胜利的凯歌声中，我们向全国人民和全世界人民庄严宣布：毛主席的英明预言和伟大号召已经实现了。这是毛泽东思想的又一伟大胜利，无产阶级文化大革命的又一辉煌成果。

中共中央、国务院、中央军委、中央文革小组，向从事核武器研制和试验的解放军指战员、工人、工程技术人员、科学工作者和一切有关人员，致以最热烈的祝贺，赞扬他们在党中央、毛主席和林彪同志的正确领导下，活学活用毛主席著作，坚决捍卫以毛主席为代表的无产阶级革命路线，坚决反对党内最大的一小撮走资本主义道路当权派的修正主义路线，抓革命，促生产，闯出一条自己的道路，保证了氢弹试验的圆满成功。

中国有了原子弹，有了导弹，现在又有了氢弹，这就大长世界各国革命人民的志气，大灭帝修反的威风，进一步打破了美帝苏修的核垄断地位，沉重地打击了它们的核讹诈政策。这对英雄的越南人民、阿拉伯人民和全世界一切革命的人民，都是极大的鼓舞和支持。

新华社六月十七日讯　新闻公报

毛泽东主席早在一九五八年六月就指出：搞一点原子弹、氢弹，我看有十年功夫完全可能。

在我国无产阶级文化大革命取得决定性胜利的凯歌声中，我们向全国人民和全世界人民庄严宣布：毛主席的这一英明预言和伟大号召已经实现了，在两年八个月的时间内进行了五次核试验之后，今天，一九六七年六月十七日，中国的第一颗氢弹在中国的西部地区上空爆炸成功了。

这次氢弹试验的成功，是中国核武器发展的又一个飞跃，标志着我国核武器的发展进入了一个崭新的阶段。中国人民为此而自豪，全世界革命人民也将为此而感到骄傲。我们怀着喜悦和激动的心情，欢呼毛泽东思想的又一伟大胜利，欢呼无产阶级文化大革命的又一辉煌成果。

中国共产党中央委员会、国务院、中央军事委员会、中央文化革命小组，向从事核武器研制和试验的中国人民解放军全体指战员、工人、工程技术人员、科学工作者和一切有关人员，致以最热烈的祝贺。他们在党中央、毛主席和他的亲密战友林彪同志的正确领导下，高举毛泽东思想伟大红旗，突出无产阶级政治，活学活用毛主席著作，坚决捍卫以毛主席为代表的无产阶级革命路线，坚决反对党内最大的一小撮走资本主义道路当权派的修正主义路线，抓革命，促生产，群策群力，大力协同，以“只争朝夕”的革命精神，克服了各种困难，闯出一条自己的道路，保证了这次氢弹试验的圆满成功。

毛主席说：“在生产斗争和科学实验范围内，人类总是不断发展的，自然界也总是不断发展的，永远不会停止在一个水平上。因此，人类总得不断地总结经验，有所发现，有所发明，有所创造，有所前进。”希望中国人民解放军、广大的革命职工和科学技术人员，遵循毛主席的这一教导，响应林彪同志关于“加强革命性、科学性、组织纪律性”的号召，戒骄戒躁，再接再厉，为加速发展我国国防科学技术和实现我国国防现代化，建立新的更加伟大的功勋。

中国有了原子弹，有了导弹，现在又有了氢弹，这就大长世界各国革命人民的志气，大灭帝国主义、现代修正主义和各国反动派的威风。中国氢弹试验的成功，进一步打破了美帝国主义和苏联修正主义的核垄断地位，沉重地打击了它们的核讹诈政策。中国氢弹试验的成功，对于正在英勇地进行抗美救国战争的越南人民，对于正在反抗美英帝国主义及其工具以色列侵略的阿拉伯人民，对于全世界一切革命的人民，都是极大的鼓舞和支持。

人是战争胜负的决定因素。中国进行必要而有限制的核试验，发展核武器，完全是为了防御，其最终目的就是为了消灭核武器。我们再一次郑重宣布，在任何时候、任何情况下，中国都不会首先使用核武器。我们说的话，从来是算数的。中国人民和中国政府，将一如既往地继续同全世界一切爱好和平的人民和国家一道，共同努力，坚持斗争，为全面禁止和彻底销毁核武器的崇高目标而奋斗。

7-13

《人民日报》喜报

1967年

横39.6cm，纵55.4cm

2016年征集

1967年6月17日，《人民日报》刊登了我国第一颗氢弹爆炸成功的喜讯。

7-14

给侄女郭淑娥的信

1968 年

横 19cm，纵 26cm

郭淑娥捐赠

1968 年 10 月 26 日，郭永怀在青海二二一基地写给家乡荣成侄女郭淑娥的信

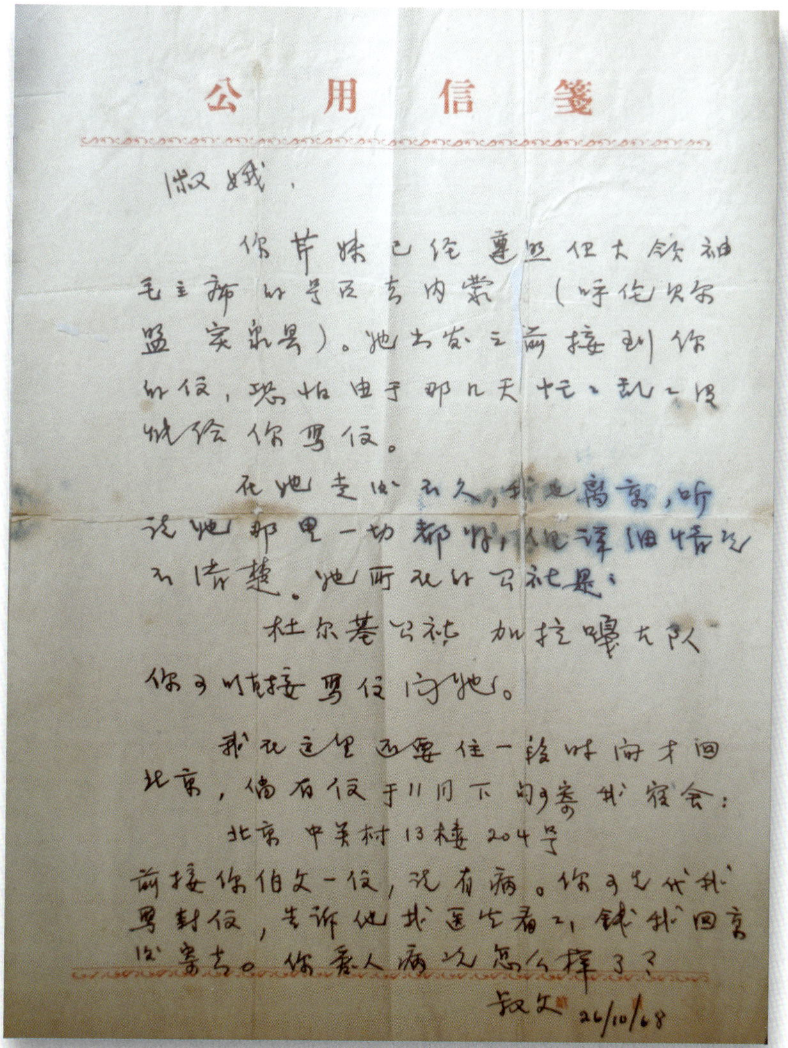

公用信笺

淑娥：

你芹妹已经遵照伟大领袖毛主席的号召去内蒙（呼伦贝尔盟 突泉县）。她出发之前接到你的信，恐怕由于那几天忙、乱，没能给你写信。

在她走后不久，我也离京，听说她那里一切都好，但详细情况还不清楚。她所在的公社是：

杜尔基公社 加拉嘎大队

你可以直接写信问她。

我在这里还要住一段时间才回北京，倘有信于11月下旬寄我宿舍：

北京 中关村 13楼 204号

前接你伯父一信，说有病。你可先代我写封信，告诉他找医生看看，钱我回京后寄去。你爱人病现在怎么样了？

叔父 26/10/68

7-15

办公沙发

20 世纪五六十年代
中国科学院力学研究所捐赠

共三件，一大两小，深褐色牛皮质，系郭永怀在力学研究所办公时所用。

7-16

CYMA 手表

20 世纪五六十年代
横 3.5cm，纵 4cm
郭辉远借展

郭永怀生前佩戴的瑞士手表，郭永怀牺牲后，李佩将手表送给侄子郭辉远。

7-17

测光表

20 世纪五六十年代
长 9.2cm，宽 6.8cm，厚 4cm
李佩亲属捐赠

郭永怀生前使用过的测光表，是一种用来测量光线强度的仪器。

7-18

手摇计算机

20 世纪 60 年代

长 26cm，宽 35cm，高 15.5cm

北京应用物理与计算数学研究所捐赠

我国第一代核武器理论计算使用的手摇计算机。

7-19

皮箱

20 世纪 60 年代

长 40.5cm，宽 23cm，高 11cm

郭相跃[①] 捐赠

郭永怀送给哥哥郭永泉的皮箱。

① 郭相跃，郭永怀的侄孙。

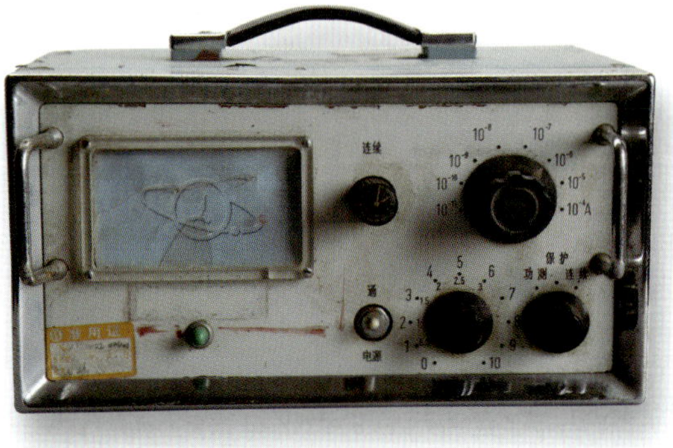

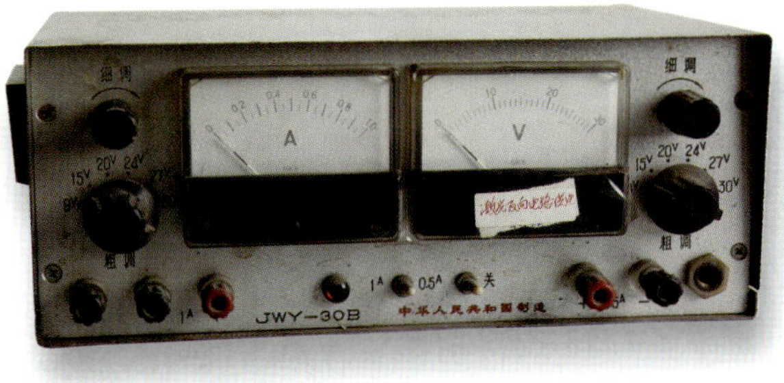

7-20

实验仪器

20世纪六七十年代

中国科学院力学研究所捐赠

郭永怀在力学研究所做实验时用过的仪器。

AM
PM
SDS–3
数显暗室定时器
ANSHIHONGDENG
调时
调分
定时选择
温州东方仪器厂制造

DANTEC
OUT

7-21

核工业部荣誉证书

1984 年

横 20.5cm，纵 15.3cm

李佩亲属捐赠

1984 年，为纪念我国第一颗原子弹爆炸成功 20 周年，核工业部给郭永怀颁发荣誉证书，表彰他为国防事业做出的贡献。

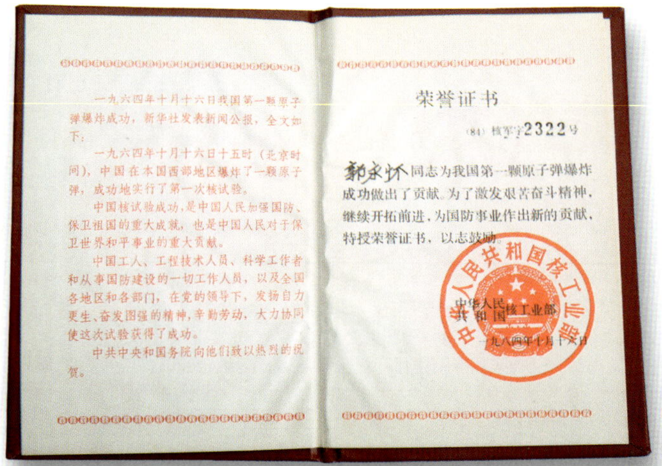

7-22

国家科学技术进步奖特等奖奖章和证书

1985 年
奖章直径 4.8cm
证书纵 16.5cm，横 22.3cm
李佩亲属捐赠

国家科学技术进步奖设立于 1985 年。郭永怀因在原子弹突破和武器化的工作中做出了重大贡献，被追授国家科学技术进步奖特等奖。

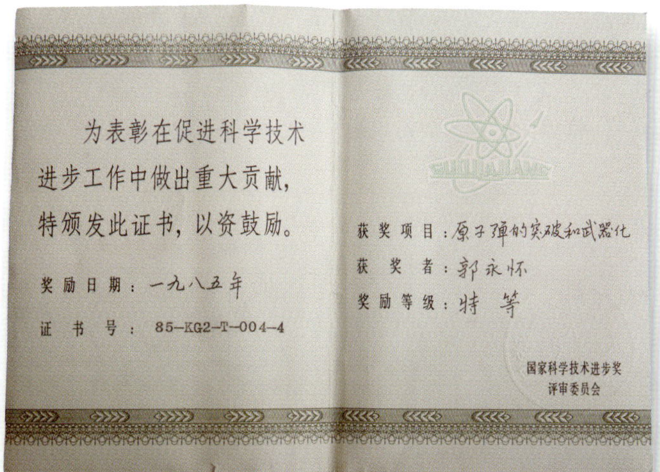

为表彰在促进科学技术进步工作中做出重大贡献，特颁发此证书，以资鼓励。

奖励日期：一九八五年

证书号：85-KG2-T-004-4

获奖项目：原子弹的突破和武器化

获奖者：郭永怀

奖励等级：特等

国家科学技术进步奖评审委员会

⑦-23

中国科学院院士证书

1993 年
横 28cm，纵 36cm
李佩亲属捐赠

1957 年，郭永怀当选中国科学院数学物理化学部学部委员，该证书是 1993 年实行院士制度后补发的院士证书。

7-24

神舟飞船返回舱模型（1:25）

当代

直径 14cm，高 13.8cm，重 2.21kg

中国空气动力研究与发展中心捐赠

郭永怀和钱学森领导组建的中国空气动力研究与发展中心进行神舟飞船返回舱风洞试验的模型。

7-25

我国第一颗原子弹模型（1:1）

2016 年

长 3.5m，宽径 1.56m，高 1.1m

中国工程物理研究院捐赠

1964 年 10 月 16 日，郭永怀领导研制的我国第一颗原子弹爆炸成功，该模型为我国第一颗原子弹 1:1 模型。

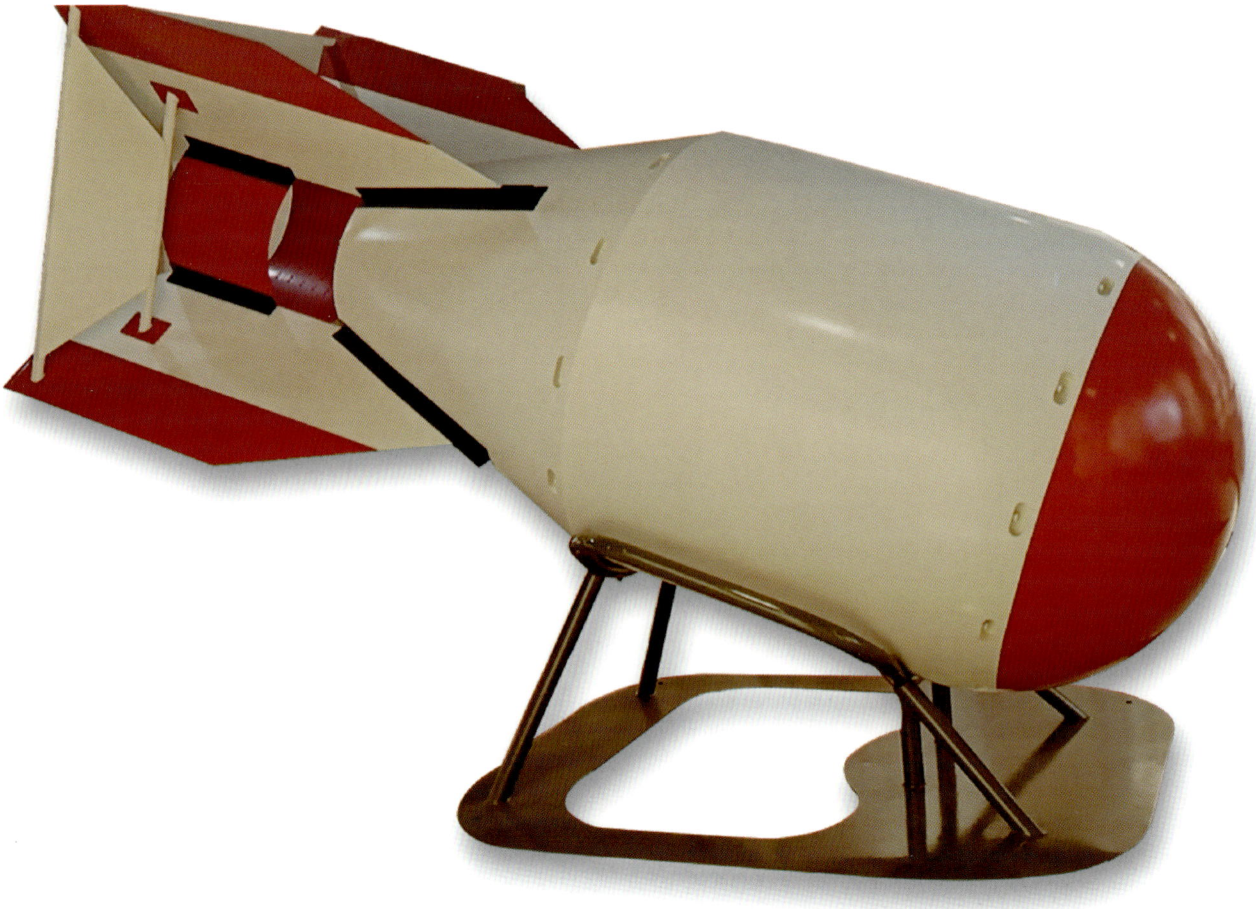

7-26

我国第一颗氢弹模型（1:1）

2016 年

长 3.92m，宽 1.48m，高 1.48m

中国工程物理研究院捐赠

1967 年 6 月 17 日，郭永怀领导研制的我国第一颗氢弹空投试验成功，该模型为我国第一颗氢弹 1:1 模型。

7-27

我国第一颗氢弹爆炸成功 50 周年纪念章

2017 年

直径 6.7cm

中国工程物理研究院捐赠

7-28

国庆荣誉牌

2019 年

纵 86cm、横 38cm

郭涛[①] 捐赠

2019 年 10 月 1 日，在庆祝中华人民共和国成立 70 周年阅兵仪式上，郭涛作为“两弹一星”元勋后代代表在致敬方阵礼宾车上手举此荣誉牌。

① 郭涛，郭永怀的侄孙。

7-29

核工业功勋奖牌和奖章

2020 年

奖章直径 7cm

郭涛捐赠

为纪念中国核工业创建 65 周年，中核集团在全国评选 71 名“核工业功勋”人物，郭永怀被评为“核工业功勋人物”并追授“核工业功勋奖章”。奖章由 60g 黄金和 200g 白银打造。